THE PLACE, INNBY
머무르는 그 곳

Torrey Pines Gliderport, La Jolla

Prologue

우리는 어딘가로 떠나 어딘가에 머문다.

떠나고 싶다는 말은 현대인들의 단골 멘트가 된 지 오래다. 하지만 그 '어디로'가 품고 있는 의미를 깊게 고민하는 이는 드물다. 지금 자신이 하고 싶은 것이나 스스로에게 필요한 것이 무엇인지 묻지 않는다는 의미다. 하여 그것을 충족시킬 장소가 어디인지 뾰족하게 심사숙고하지 않는다.

우리가 좋다고 말하는 것은 정말 스스로의 고유한 관점과 감각이 좋다고 느낀 것일까. 이제 우리는 너무 많은 MUST의 정보에 갇혀있다. 가보지 않으면 뒤쳐질 것 같고, 그래서 가야만 하는 공간 정보가 날마다 쏟아진다. '떠나고 싶다'는 욕구를 충족하기 위하여 주말, 공휴일, 연차, 여름휴가를 활용해 많은 공간을 스치고 돌아와서 SNS에 인증샷을 올리면 그 때 뿐. 다시 찾아가고 싶은 마음이 인다거나 오랜 시간이 흘러도 그 장소에 머물렀던 기분, 감정이 또렷하게 기억나는 곳이 얼마나 될까.

물론 방문했던 모든 공간의 단골이 될 수 없고 그럴 필요도 없다. 그러나 애초에 많은 공간을 일회성으로 소비하고 마는 대세적 분위기, 일회성 소비 너머의 감각과 가치를 스스로 부여하지 않으려는 이용자의 자세는 분명 아쉽고 석연찮은 구석이 있다. 많은 공간들이 2년을 주기로 소멸되고 새로 생기기를 반복하는 것은 비단 월세 상승, 젠트리피케이션 때문만은 아닐 것이다.

한편, 다양한 단계의 머무름이 있다.

산책, 방문, 여행, 거주… 각각의 머무름마다 장소를 선택하고 공간을 감각하는 기준이 달라야 한다. 그것은 결국 물리적 공간과 서비스 제공자에게만 이로운 일이 아니라 이용자에게도 도움이 되는 일이라고 믿는다. 도시 역시 넓은 의미의 공간이라는 차원에서 맥락을 같이 할 것이다. 이를테면 여행으로 머물기 적당한 동네와 매일 일상을 보내도 괜찮은, 자신과 맞는 도시는 같을 수도 있지만 다를 가능성이 높다.

또 다양한 힐링이 있다.

방해받지 않는 곳에서 혼자 아무 것도 하지 않는 멍때리기, 순간적인 쾌락이 힐링의 전부가 아니다. 깊은 휴식의 경험은 다종다양하다. 스스로를 기분 좋게 만들고 에너지가 차오르는 요소는 단순하게 설명할 수 없다. 그 복잡한 개별 요인들과 그것들의 상호작용에 대해 궁금해하고, 공부하고, 스스로에게 되물어 마침내 찾은 '나만의' 휴식 방법이야 말로 진정한 '힐링'이지 않을까.

특징 있는, 콘텐츠가 있는 공간의 필요성을 주창하지만 정작 우리는 그런 공간의 필요성에 대해 인식하는지, 아니 굳이 멀리 떠나지 않아도 슬리퍼 신고 나가면 마주칠 수 있는 골목에 이미 그런 공간이 있는데도 알아채지 못하고 있는 것은 아닌지. 결국 우리는 어디에 어떻게 머물러야 할지 궁금했다. 그러니 이 글은 우리 모두 '자신만의 장소를 발명' 할 수 있는 기준을 찾기를 바라는 마음에서 비롯되었다.

Contents

Prologue

Chapter 1. Innby*, 머무르는 그 곳
어딘가에 적극적으로 머무르기

1. 머무름의 목적(The Stay)   38
- 머무는 시간의 디자인, Z_Lab
- 일상과 비일상의 공존, 돌창고프로젝트

2. 특별한 그 곳(Near By Me)   86
- 자발적 고립 명소, 썸원스페이지 숲
- 숲속 시공간, 오월학교

3. 오래 머무르는 그 곳(Living & More)   132
- 사유 공간 공유하기, 단비책방
- 내 취향에 맞는 그 곳, Rosa Candle

---

*노르웨이어 innby ['inbyː]
초대하다, 유혹하다.

Chapter 2. Motta**, 머무르게 하기 위한 변화

그 곳. 바다, 숲, 그리고 같이

1. 니가타(Niigata), 변화하는 것과 변화하지 않은 것 — 192
   - 2000년, 인구 감소와 함께 시작된 트리엔날레
   - 100년 전통주에 맥주 브루어리를 더하다
   - 트렌드 변화에 대응하는 지역 기업

2. 나파밸리(Napa valley), 척박한 땅에서 함께 만들어 가는 것 — 224
   - 1976년 파리의 심판이 만들어 준 가치
   - 작은 타운의 파인 다이닝, 브랜딩이 되다
   - 관광 특구 지정, 함께 하는 타운 매니지먼트

Epilogue

**노르웨이어 motta [muːta]
환영하다, 받아들이다.

"거기 왜 가?"

"바다가 있어서."

공간은 고정되어 있지 않다.
우리가 소요하고자 하는 대로 미술관이었다가,
더할 나위 없는 산책로였다가,
시간대별로 변하는 빛을 관찰하는 장소로
기꺼이 변할 준비를 한 채로
거기에 있다.

Chapter 1.

Innby,
머무르는 그 곳

시간을 채워주는 공간

1. 머무름의 목적(The Stay)

2. 특별한 그 곳(Near By Me)

3. 오래 머무르는 그 곳(Living & More)

어딘가에
적극적으로 머무르기

Hideout.
나만의 쉼터가 있다면 또는 만들어 본다면 어떤 이미지에 가까울까?
바다, 숲 같은 자연 혹은 특정 카페나 숙박 공간일 수도 있다.
쉼, 충전이 가능한 공간, 집이 아닌 '그 공간'이 있는 곳의 특징은 무엇일까?

Ko Olina Beach, Kapolei

비일상적 시간, 쉼 또는 힐링을 위해 방문하는 곳은 어디인가요?*

양평
다랭이마을   녹차밭   특별히   충남   성산일출봉
애월읍   카페거리   한라산   오름   바닷가   남원   영월
청주   카페
보성   한옥마을   제주도   황리단길   순천만   구례
                                        경북   하동
강릉   없음   대전   순천   춘천   강원   전주   바다   울산
한옥   딱지   단양   경기
    전남   통영   속초   강원도   남해   안동   오설록
호텔   우도
    보문단지 개항로 공주   제주   부산   여수   군산   공산성
                                        경주   펜션
    올레길   양양   서귀포   가평   애월   서울   인천   신라호텔
        협재해수욕장   고성   거제   대구   거제도   해운대   독일마을
        없습니다   중문   소제동   삼척   디앤디파트먼트
                        전주한옥마을   동성로
                            강화도   게스트하우스

*PLQ 기획 및 분석(2022년 5~7월, 전국 응답자 1,000명, 오픈서베이 조사)

사려니숲, 제주도

인정하든 그렇지 않든 사람은 환경에 생각보다 쉽게 물든다.

여기서 환경은 숲, 바다로 대표되는 자연과 방, 집, 사무실, 카페, 책방, 미술관 같은 물리적인 공간, 그리고 그 공간들이 모인 거리, 동네, 도시, 나라를 포함해 시스템, 문화, 이웃, 친구처럼 우리를 둘러싸고 있는 유무형의 것들을 아우른다.

물든다는 말이 어쩐지 마냥 수동적이고 피동적인 순응의 느낌이 지배적이라 불편하다면 중요한 포인트를 놓치고 있는 것이다. 그 환경을 선택하는 것은 우리 자신이라는 사실을.

환경에 힘이 있다니 이왕이면 좋은 환경에 우리를 데려다 놓는 것이 필요하지 않을까. 그리고 보편적으로 좋은 것을 넘어 자신에게 맞는, 지금 자신이 필요로 하는 환경으로 스스로를 이끄는 것은 좀더 중요하지 않을까. 물론 나라, 도시, 집, 사무실처럼 우리가 선택한 것이 아니거나 한 번 선택하면 비교적 장시간 일상을 보내야 하는 환경을 수시로 바꾸는 것은 쉽지 않다.

하여,

우리는 시간을 내어 산책을 하고 여행을 하는 동안 다양한 공간에 머무르면서 일상과 일상 사이의 간격을 조금 더 내게 좋은 환경으로 채워 나간다.

비일상의 시공간과 일상의 그것이 조화를 이루는 지점과 모양은 각기 다르다.

말할 것도 없이 자신의 것은 스스로 겪어내며 알아간다. 하지만 왠지 모르게 비일상의 시공간은 비행기를 타고 다른 나라나 제주도에 가야만 체험할 수 있을 것 같고, 그런 시간을 자주 내기가 부담스럽고 망설여진다면 미술관에 가는 것은 어떨까.

작품을 보는 것에 크게 흥미가 없어도 괜찮다. 미술관에 미술만 있다는 편견을 버리기만 한다면.

폭설이 내린 날, 용인에 있는 호암미술관에 갔다. 엄밀히 말하면 미술관을 둘러싼 희원을 거닐고 싶었다. 평소에 기억하고 있던 희원이 눈으로 어떻게 변해 있을지 궁금했다.

이렇게 눈이 많이 내렸으니까, 도로 사정이 좋지 않으니까, 갑자기 기온이 뚝 떨어졌으니까 눈이 내려서 왠지 더 고요하게 느껴지는 자연 속에 우리만 있겠구나 내심 기대했다.

호암미술관

호암미술관, 희원

호암미술관, 카멜커피

호암미술관, 카멜커피

호암미술관 희원

호암미술관 2층

아무래도 산책을 하기에는 고약한 날씨라 몸을 녹일 요량으로 희원 안에 자리한 팝업 카페로 먼저 발걸음을 옮겼다. 그 곳의 문을 연 순간 작은 소리로 감탄이 새어 나왔다. 이미 카페에는 따듯한 커피잔을 손에 쥔, 폭설을 뚫고 이 숲속 정원과 미술관에 온 사람들이 있었다.

그러나 붙잡기도 전에 흘러나온 감탄의 이유는 따로 있다. 그들의 몸과 시선이, 하나같이 큰 창문을 통해 가감 없이 드러나는 설원으로 향해 있던 것이다.

자연과 인간이 같이 만들어낸 그 장면을 바라보는 내내 아름답다고 생각했다.

흥미롭게도 이 장면은 호암미술관 실내에서 반복됐다. 미술관 2층에 올라갔을 때, 몇 분 전 카페에서 연출됐던 그 장면이 펼쳐졌다. 창문의 크기와 출연자들이 바뀌었을 뿐 관람객들은 큰 창 앞에 앉거나 서서 눈이 내리는 풍경과 그것이 나무에 쌓여 만들어진 또 다른 풍경을 하염없이 바라보았다.

그날 우리가 호암미술관에서 가장 눈에 많이 담은 장면은 새하얀 눈에 휩싸인 자연, 그리고 그 풍경을 바라보는 사람들의 뒷모습이다.

눈길을 달려 미술관에 와야만 했던 이유는, 우리도 그들도 눈과 희원이 만들어낸 자연이라는 작품이 아니었을까.

작품을 보는 것에 크게 흥미가 없어도 괜찮다.
커피 한 잔, 책 한 권으로 충분한 순간이 있으니까.

미메시스 아트 뮤지엄

미메시스 아트 뮤지엄

미메시스 아트 뮤지엄

미메시스 아트 뮤지엄의 빛

호암미술관에 희원이 있다면 파주의 미메시스 아트 뮤지엄에는 빛이 있다고 들었다. 빛은 공평하게 어디에나 있는 것 아닌가. 어째서 그 곳을 언급하는 이들의 단어에 한결같이 빛이 포함되는 것일까. 건축에 문외한인 사람이 작품과 공간의 관계에서 중요하게 다뤄져야 하는 그 '빛'을 느낄 수 있을지 우려하며 미메시스 아트 뮤지엄으로 향했다.

다행히 빛을 충분히 감각할 수 있을 만큼 날이 개었다. 해질 무렵의 빛은 미메시스 아트 뮤지엄 건물의 부드러운 외관을 따라 꺾어지고 휘어져 잔디밭과 외관 구석구석으로 파고들었다. 1층에는 방문객들이 쉴 수 있는 카페가 있었는데 이곳 역시 전면에 창을 내어 사람들이 하늘과 정원을 바라볼 수 있었다.

미메시스 아트 뮤지엄

빛이 가득 찬 미술관에서 전시를 준비하는 것은 여러모로 어려움이 있다.
하지만 빛과 작품이 어우러지는 조화로움은 이 곳에서만 볼 수 있는 색다른 경험을 선사한다.

미메시스 아트 뮤지엄

반전은 전시실에 있었다. 다시 한 번 말하지만 필자는 건축을 잘 알지 못한다.

그런데 전시실 곳곳에서 작품을 향한 따스한 배려를 느낄 수 있었다. 공간을 밝히거나 작품을 비추는 모든 인공조명이 간접조명으로 설치되어 있었는데 이는 관람객의 눈이 피로하지 않게 도울 뿐만 아니라, 작품의 훼손을 진심으로 우려한다고 말하는 것 같았다.

그러나 압권은 조명이 아니라 자연광의 활용. 벽면과 천장에 위트 있게, 그러나 철저할 만큼 세심하게 배치된 창들은 하늘과 바깥 풍경, 무엇보다 자연 그대로의 빛이 공간에 스며들게 돕고 있었다. 모두에게 공평할 것 같던 햇빛은 교묘하게도 작품들만 피해서 공간을 채웠다. 고백하건대, 계단을 오르고 내리며 전시실에 머무는 동안, 공간 본연의 목적에 맞게 친절하게 설계된 건축은 누구에게나 위안을 준다는 걸 깨달았다.

미메시스 아트 뮤지엄의 빛은 예술가와 작품에게만 호의를 베풀지 않았다.

미메시스 아트 뮤지엄

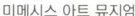

미메시스 아트 뮤지엄

미메시스 아트 뮤지엄

공간이 장소가 되기까지

삶의 모든 순간 '지금 내게 이런 변화가 필요하거나 이런 욕구가 있으니
여기에 가서 채워야겠다.'고 한 발 앞서 대안을 선택할 수 있다면 더할 나위
없겠지만, 이따금 우리는 어떤 일을 먼저 겪고 나서 비로소 그것이 내게
필요했음을 깨닫는다. 공간을 경험하는 것도 비슷하다. 어떤 공간을 사진을
통해 시각적으로만 겪으면서 예쁘다, 멋지다를 판단하는 것은 충분하지 않다.
그때 공간은 영영 공간으로 남는다. 무수한 공간들 중에서 '나의 장소'로
호명할 수 있는 곳은 오감으로 감각한 후 나만의 무엇이 새겨진 공간이다.
바로 그 호명의 순간 중 하나가 나도 몰랐던 나의 욕구를 깨닫게 해준
공간에서 보낸 한때이지 않을까.

저는 요즘 우리 사회를 정념 사회라고 얘기했지만 또 한편으로 보면 무감각 사회예요.
뭘 못 느껴요. 전혀 못 껴요. 오로지 반응만 해요. 습관화된 반응이죠. 그건 느끼는
게 아닙니다. 자판기 버튼 누르면 커피 나오는 것과 똑같은 행위예요. 전부 버튼들이
다 있어서 대중문화나 무엇이 손가락을 내밀어 눌러주면 반응하죠. 그건 감각행위가
아니에요. 우리 사회의 유행을 보면 옛날에 비해 얼마나 세련되어 있습니까? 그런데
그것이 감각 현상이냐 무감각 현상이냐 물어봐야 합니다.

— 김진영, 『상처로 숨 쉬는 법』, 한겨레출판(2021), p513

미메시스 아트 뮤지엄

"거기 왜 가?"

"바다가 있어서."

이 대화는 오묘하다. 엄정하게 말하자면 질문의 '왜'가 너무 포괄적인 단어라
모호한 답변이 나왔다. 답변을 살펴보면, 이 사람은 어째서 바다가 있는 곳을
가려고 하는 걸까. 진짜 드넓고 시원한 바다가 보고 싶어서일 수도 있지만
주로 지내는 일상의 도시에서 자주 안길 수 없는 자연의 한 풍경 안에서
고요하게 있고 싶다는 욕구의 반영일 수도 있다. 후자의 경우 반드시 바다가
아니어도 되거나, '그 바다'가 아니어도 되는 것이다. 그러니 내가 원하는
환경을 '원하는' 까닭을 한 번 더 내려가 깊숙이 들여다보자.

그러면, 공간을 장소로 호명할 수 있는 단서를 발견할 수 있을 테니.

침대에 배를 깔고 엎드려, 나는 『이십 년 후』, 『신비의 섬』, 『섬의 제리』를 읽었다. 침대는 모피 사냥꾼의 오두막집이 되었다가, 거센 풍랑의 대서양 위를 떠도는 구명보트가 되었으며, 화마가 덮쳐오는 바오바브나무, 사막에 친 텐트, 바로 몇 센티미터 옆으로 아무것도 얻지 못한 적들이 지나가는 자비로운 구덩이가 되기도 했다.

- 조르주 페렉, 『공간의 종류들』, 김호영 옮김, 문학동네(2019), p34

양주시립장욱진미술관

그러니까 우리는 미술관에 가고 싶다고 생각하는 매 순간 작품을 관람하러 가고 싶었던 것이 아니라 미술관을 둘러싼 자연, 미술관 내부를 포근하게 감싸는 빛에 가까워지고 싶었던 것인지도 모른다.

공간은 고정되어 있지 않다. 우리가 소요하고자 하는 대로 미술관이었다가, 더할 나위 없는 산책로였다가, 시간대별로 변하는 빛을 관찰하는 장소로 기꺼이 변할 준비를 한 채로 거기에 있다.

양주시립장욱진미술관

장소와 공간의 특별함이, 누군가로 하여금 다시 찾아오게 만드는 이유가 되기도 한다.
아무 연고 없는 양주로 우리를 이끄는 이곳 미술관처럼

양주시립장욱진미술관

Chapter 1. Innby, 머무르는 그 곳

머무름의 목적
(The Stay)

머무는 시간의 디자인
'Stay' 문화를 만들어내다, Z_Lab

일상과 비일상의 공존
생활과 창작의 공존, 돌창고프로젝트

머무름의 목적(The Stay) ①
머무는 시간의 디자인
— 'Stay' 문화를 만들어내다, Z_Lab

재충전을 위해 가장 머무르고 싶은 곳은 제주, 강원, 부산 순으로 나타났으나,
실제로 방문한 곳은 서울, 경기, 부산, 강원, 그리고 제주 순이다.
생각하는 그 곳이 아니더라도, 가까이에서 찾아가고 싶은 공간이 있다면 그 곳은 어떤 곳일까?

재충전을 위해 가장 머물고 싶은 그 곳은?

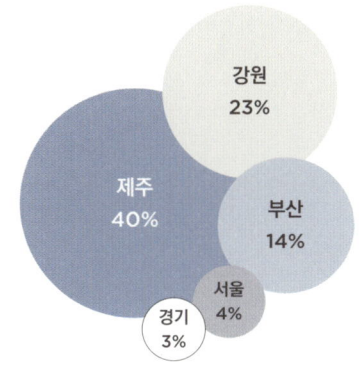

재충전을 위해 실제로 최근 방문한 지역은?

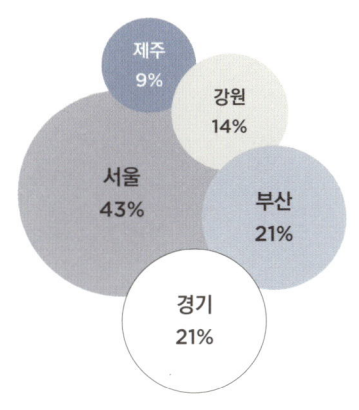

PLQ 기획 및 분석(2022년 5~7월, 서울 거주 응답자 319명, 오픈서베이 조사) / 1, 2위 중복 응답

머무름의 목적(The Stay) ①

머무는 시간의 디자인

한옥에세이 서촌

"멀리 있는 곳으로 여행을 떠난다면,
떠나는 순간부터 이미 즐거운 상태가 되죠.
그럴 시간 조차 없는 분들을 위한
환대와 머무르는 시간을 디자인했어요."

Interview1. Z_Lab, 박중현 대표

[&Scape] '머무는 것 자체가 여행이 된다'는 콘셉트로 'Stay' 하는 시간을 다양한 감각을 통해 경험하도록 기획한다. 물리적으로는 작은 공간이지만 문 앞에 들어서는 순간부터 시간이 평소와 다른 속도로 흘러가는 것을 느낄 수 있다.

머무름의 목적(The Stay) ①

한옥에세이 누하

Interview with Z_Lab / 박중현 대표
"Stay 문화를 만들어내다"

'Z_Lab'과 'Stayfolio'의 창업 스토리가 궁금합니다.
저(박 대표), 노 대표, 이 대표는 같은 학교 건축과 선후배입니다. 2011년, 이 대표 부모님의 꿈을 위해 기존의 식당을 펜션(제로플레이스)으로 리모델링 하면서 이 모든 과정이 시작되었어요. 그 작업을 하는 동안 하나의 숙박공간이 완성되고, 사람들에게 알려지기까지 많은 고민과 노력이 필요하다는 걸 체감했습니다.
당시 펜션을 소개하던 '펜션119' 같은 사이트 말고 좋은 공간을 잘 알려주는 무언가를 해보자고 했던 것이 현재의 '스테이폴리오'가 된 건데요. 2013년 서울에서 에어비앤비 아시아 론칭 파티가 열렸을 때 커뮤니케이션하면서 알았어요. 공간을 소개하는 플랫폼을 만드는 일이 만만치 않은 일이라는 것을요. 2013년 여름 즈음 각자 6년차 직장인이던 때, 제로플레이스를 레퍼런스로 삼아 종로구 창신동(창신기지)과 제주도에서 일이 들어왔고, 그 길로 회사를 그만두고 본격적으로 지랩을 시작했습니다.

서촌에서는 어떻게 프로젝트가 전개되었나요?
저희가 각별한 애정을 가지고 사업을 진행하는 지역이 바로 여기 서촌과 제주 조천이에요. 2014년에 서촌차고(현재 에디션덴마크)로 이사를 왔는데요. 위치적으로도 좋았고 이 동네가 저희의 기반을 잡아준 곳이라고 할 수 있죠. 저희 사무실이 뭐하는 곳인가 하고 궁금해서 문 열고 들어오는 분들 중에 가수 나얼님, 배우 배용준님도 있었습니다. 이러한 동네 분위기가 밑바탕이 되어 제주에서 만들어왔던 스테이를 서촌에서 본격적으로 전개한 건 2017년부터입니다.
서촌에서 스테이를 하게 된 계기인 '누와'를 시작으로, 서촌에 스테이가 점점 늘어나서 어느 정도 구성이 되니까, 스테이폴리오 운영팀이 생기고, 청소 서비스를 전문으로 하는 팀도 만들어지고, 로컬스테이 운영을 위한 부가 서비스들(카페, 식당, 편집샵, 서점 등)을 동네 네트워크로 채워갈 수 있게 됐죠.

머무름의 목적(The Stay) ①

지랩의 스테이들은 비슷한 듯 모두 다른 섬세한 디테일과 브랜딩이 눈에 띄는데요. 특히, 무인으로 이용하는 공간이라서 고민을 많이 하셨을 것 같아요.
스테이를 하면서 '환대'라는 단어에 대해 구체적으로 고민하게 됐어요. 그 전까지는 들어보기만 했지 그 단어를 실현한다 게 어떤 일인지 생각해볼 기회가 거의 없었으니까요. 저희 스테이들이 대면 접객이 많은 호텔과 다르게 무인으로 운영되는 공간이다보니 실재하는 환대의 장치들을 곳곳에 배치하는 게 필요하겠구나 싶었죠.
서촌의 '후미진'은 '정화'가 콘셉트였어요. 일상에 지친 현대인들이 '휴식'이나 '쉼'을 많이들 찾으시잖아요. 저희 서촌 스테이도 서울에서 엄청난 스트레스를 받고 바쁘게 사는 직장인들의 호응이 높은 편이었거든요. 그래서 '후미진'에는 진짜 힘든 사람이 하루를 온전하게 쉬러 온다는 설정에서 한 발 더 나아가 온갖 피로와 부정적인 감정들을 '정화'한다는 이야기가 담겨 있습니다. 이러한 경험 디자인은 스테이가 서울에 있기에 가능한 설정이에요.

만약 지방에 있는 스테이라면, 의미가 없죠. 이미 그 지역으로 떠나면서 즐거운 상태가 되거든요. (웃음) 퇴근 후에 지친 몸을 이끌고 '후미진'에 들어서면 천연 핸드워시로 손을 씻고, 소금으로 이를 닦고, 한약재를 푼 욕조물에 몸을 담그고, 부적을 쓰고 태우는 일련의 정화의식을 거치면서 안온한 정서를 느끼실 수 있도록 짰어요. 어떻게 보면 짧은 콘텐츠인데 누가 시키지 않아도 다들 잘 하시더라고요(웃음). 피드백 받아보면서 이런 과정도 자리를 잡아가기 시작했어요. 이런 무형의 콘텐츠 외에 유형의 공간을 만드는 작업도 비슷합니다. '누와'의 시그니처 이미지가 원형창인데, 우리나라 전통 건축에도 존재했지만, 중국 고건축에서 사용된 원형창의 이미지가 많이 각인되어 있다보니, 어떻게 보면 중국스러워 보일 수 있는 디자인을 우리다움으로 느낄 수 있도록 공간 재료나 색감 뿐만 아니라, 족자까지도 모두 디자인해서 눈에 들어오는 모든 디테일을 한국적으로 풀어냈어요. 프로젝트에 참여하는 팀원들과 함께 디테일한 부분까지 고민해서 만들어 내는 결과인거죠.

한옥스테이 누와

한옥에세이 서촌

누와

이야기를 듣다 보면 Z_Lab은 건축과 인테리어 너머의 것들, 이를테면 물리적 결과물이 구현된 이후 건축물의 생애와 그것을 이용하는 사람의 경험까지 두루 살피고 고민하시는 것 같아요.

'숙박 시설'을 그저 건축이나 인테리어로만 접근하고 디자인하던 과거에는 편하게 쉬기만 하면 되는 공간으로 설계해도 충분했을 거예요. 이제는 그런 시대가 지나갔다고 생각합니다. 어떤 공간이든 고유한 스토리가 필요하고, 단순한 쉼에 그치는 것이 아니라 특별한 경험이 일어나도록 디자인하고 브랜딩 하는 부분이 저희의 차별점이라고 생각해요.

서촌에서는 이 동네에서 경험할 수 있는 것을 스테이로 풀려고 했는데요. 몇 년 전만 해도 서울 사람들이 서울의 스테이에 왜 가냐고 하거나 서촌은 낮에 와서 예쁜 카페와 소품샵 들렀다가 떠나는 곳이라는 이미지가 강했는데, 저희가 스테이를 시작한 후 서촌에서 자고 가는 사람들이 생겼죠. 그 현상이 무엇을 의미하냐면, 그들의 밤문화가 서촌에 새롭게 일어났다는 것이고 그에 맞는 공간 카테고리가 여기에 생길 가능성이 열렸다는 뜻이죠. 정리하자면, 서촌이 1박 2일 경험 문화의 새로운 장이 된 거예요.

한옥에세이 서촌

머무는 시간의 디자인

머무름의 목적(The Stay) ①

저희 공간을 좋아하시는 게스트와의 경험 교류 역시 지속되고 있어요. 몇몇 공간은 재방문률이 매우 높아요. 혼자 여러 번 오시기도 하고, 엄마와 딸이 함께 오시기도 하죠. 저희가 작업한 공간과 시간을 상상했던 대로 잘 이용해주시는 것 같습니다.

이런 '경험 디자인'은 프로젝트가 누적될수록 경험치가 쌓이면서 더욱더 디테일하게 진행하게 됐어요. 공간이 그것을 품고 있다가 이용자를 만났을 때 잘 펼쳐지려면 누가 시키지 않아도 자연스럽게 사색하게 되는 가이드라인, 메시지 전달이 강압적이지 않고 부드러우면서 간접적으로 와닿게 하는 방법, 공간 전체가 눈에 들어오도록 하는 시각적 가이드, 머무는 시간이 공간과 어우러지도록 하는 일, 입실과 퇴실 사이의 시간 디자인 등 공간을 만들고 입히는 과정 전체를 촘촘하게 고민해야 하거든요.

그리고 또 한가지, 디자인하고 만드는 일만큼 운영의 중요성을 빼놓을 수 없는데요. 스테이폴리오가 성장하고 시스템화되면서 운영이 안정되기도 했고, 특히 함께 일하는 매니저님들이 청소회사와 방역회사를 설립하면서 지역 안에서 일자리 창출도 하고, 전문적으로 운영할 수 있는 팀이 생기게 되었습니다.

머무는 시간의 디자인

머무름의 목적(The Stay) ①

프로젝트를 진행하실 때 염두에 두는 부분들을 듣다 보니 Z_Lab의 고객은 건축을 의뢰하는 클라이언트만이 아니라는 생각이 듭니다.
저희 클라이언트 축은 3개라고 생각해요. 건축을 의뢰한 호스트, 그 공간을 이용하게 될 게스트, 공간을 관리하는 매니지먼트 회사. 단순히 의뢰인만 저희의 고객이라고 생각할 때와 이렇게 고객을 확장해서 생각할 때, 프로젝트를 고민하는 관점이 달라집니다.

어떤 프로젝트는 호스트에게 경제적으로 매력적이지 않은 경우가 있거든요. 그럼에도 불구하고 다른 가치나 목표를 갖고 의뢰하는 분이 계신데, 그럴 때면 다른 두 개의 축으로 시선을 옮겨 고민을 해봐요. 그들에게는 과연 매력적인지. 그렇다면 어떤 공간으로 만들어야 할지.
그래도 우선 의뢰인의 제안, 수요가 있어야 프로젝트가 시작되니까, 앞서 3개 축 중에 호스트라는 고객에

관해 조금 더 말씀드리면. 저희가 서울 서촌과 제주 조천 지역에 집중해서 작업을 이어온 현실적인 이유가 '지속가능성'이거든요.
지역적 특별함과 스테이 수요를 감안하면, 어디든 스테이 사업이 다 되는 건 아니에요. '지역, 사람, 콘텐츠(공간)' 3가지 중 하나라도 없으면, 나머지 2개가 채워줄 수 있는지 확인하고, 지속가능성이 보이지 않으면 솔직하게 말씀드리는 편입니다.

오픈은 가능하지만, 운영의 지속성을 함께 고민해 드려야 하니까요.
기존에 빈 공간을 새로운 공간으로 만들었는데, 다시 비어지면 안 되잖아요. 프로젝트를 진행하는 과정에서도 작업하는 동안 클라이언트와 대화하면서 이런 부분을 맞춰가며, 서로 이해하고 설득하는 과정이 중요합니다.

머무름의 목적(The Stay) ①

머무는 시간의 디자인

앞으로의 Z_Lab은 어떤 고민을 이어 갈까요?
저희는 이제 서촌에 국한되지 않은 디자인 회사라고 생각해요. 다만 서촌에서 누군가가 한옥을 고쳐서 무언가 해볼까 생각할 때 한 번쯤은 거쳐가는 곳이랄까(웃음).
물론 저희도 서촌에 애정이 있고요. 그래서 서촌에서 작업할 때는 가급적 정말 이 동네에 애정을 갖고 있는 의뢰인을 만나 함께 하고 싶다는 마음이 크지만 점점 쉽지 않은 일이 되어 가는 것 같아요.
그리고 넓은 의미에서의 '좋은' 공간들이 만들어지는 걸 돕는 게 저희 역할이라고 생각하는데요. 좋은 공간은 많은 요소를 무조건 다 집어넣는 게 아니라 이용자가 무엇을 하는 것과 하지 않는 것의 밸런스를 조용하고 섬세하게 맞춰 갖추어 둔 곳이에요.
스테이를 처음 시작하면서 '환대'라는 단어의 구체적 실현을 고민하기 시작한 것처럼, 요즘은 사람들이 시간을 보내는 방법을 일컫는 단어에 '소요' 말고 다른 말도 생기기를 바라고 있어요. 좋은 공간들을 많이 경험하다 보면 사람들이 자연스레 새로운 말을 쓰지 않을까 싶고 바로 그 '좋은' 공간에 대한 고민을 계속 하고 싶습니다.

한옥에세이 서촌

요즘은 사람들이 시간을 보내는 방법을 일컫는 단어에
'소요' 말고 다른 말도 생기기를 바라고 있어요.
좋은 공간들을 많이 경험하다 보면 사람들이 자연스레 새로운
말을 쓰지 않을까 싶고 바로 그 '좋은' 공간에 대한 고민을
계속 하고 싶습니다.

머무름의 목적(The Stay) ②
일상과 비일상의 공존
— 생활과 창작의 공존, 돌창고프로젝트

제주도 사려니숲

바다, 산, 숲속.
재충전을 위해 찾아가는 곳 – 하면 가장 먼저 떠오르는 곳이다.
가까운 창 너머로 보이는 파란색, 초록색만으로도 잠깐 쉬어갈 수 있지만
자연 속에 머무르며 충전하고 싶은 마음은 누구나 비슷하지 않을까.
그런 장소를 누군가에게 내어주는 것 또한 일이라면, 어떻게 함께 담아낼 수 있을까?

'그 곳'의 선택 이유(공간 분야 전문가)?

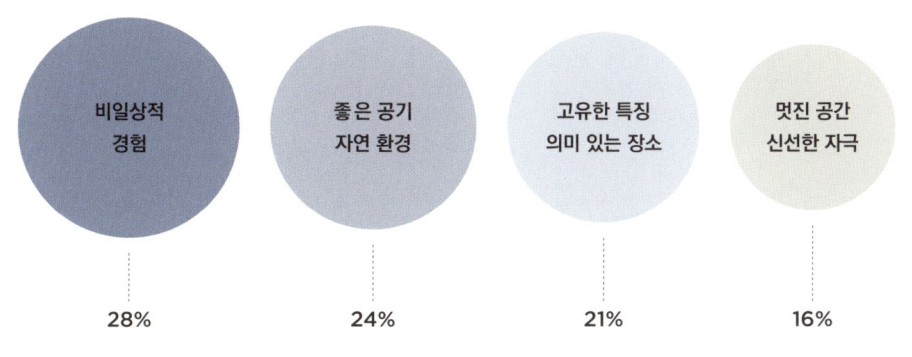

비일상적 경험	좋은 공기 자연 환경	고유한 특징 의미 있는 장소	멋진 공간 신선한 자극
28%	24%	21%	16%

PLQ 기획 및 분석(2022년 5~7월, 일반인 응답자 1,000명, 전문가 응답자 110명 오픈서베이 조사)

일상과 비일상의 공존

돌창고프로젝트

"한 공간 안에 일상과 이상이 공존하고,
작업과 전시 그리고 판매까지 이어지게 하면서 지역 예술가들도
이 공간을 보며 생각할 수 있는 계기가 되기를 바랐어요."

Interview2. 돌창고프로젝트, 김영호대표

[&Scape] 연고가 없는 지역의 매력에 끌려 오래 머무르면서,
방문자들에게 다양한 경험을 제안하고
또 다시 그 곳까지 오게 하는 이유를 만들다.

머무름의 목적(The Stay) ②

돌창고프로젝트

Interview with 돌창고프로젝트 / 김영호 대표
"생활과 창작의 공존"

'돌창고프로젝트'를 시작하게 된 계기는 무엇인가요? 지역 연고가 없는 곳이죠?

직장생활을 하다가 퇴사 후 가평, 하동을 거쳐 남해로 오게 되었어요. 하동에서부터 남해 지역의 돌창고를 관심있게 보고 있었는데, 매입할 수 있는 기회가 생겨서 바로 프로젝트를 시작했어요. 지역 작가가 출간한 '우리가 소멸하는 방법'에서도 언급한 적이 있어요.

사실, 지역사회에 온전히 녹아 드는 건 불가능하죠. 소위 말하는 '텃새'는 당연히 있죠. 손해가 없는 범위에서 품어주는 정도랄까?(웃음) 집을 지을 때, 마을개발부담금을 보태라고 권해요. 저는 당연히 내는데, '혹시 우리 아이는 남해에서 태어났으니까, 여기 사람이 되는 건가요?' 라고 물어보니, 아니래요. 저희 손주부터는 여기 사람으로 받아 들여서 개발부담금을 내지 않아도 된다고. 그런데 만약 조부모가 남해사람이면 또 괜찮다고…(웃음) 도시와 시골의 차이라고 할 수는 없을 것 같은데, 다들 사는 속도를 조금 늦추고 싶어서 지방살이를 생각 하잖아요. 그런데 와서 보면 시골 주민들은 엄청 부지런해요. 게다가 자영업을 하게 되면, 쉼과 일이 분리가 안되기도 해요. 그게 일의 연속 이라기 보다는, 어떻게 보면 항상 쉬는 것도 같아요. 일하는 게 좋기도 하구요.

직장생활을 하던 그 당시에는 일요일 저녁 개그콘서트 끝날 때가 되면 막 머리 아프잖아요.

지금은 그런 스트레스가 없죠. 정말 축복이죠.(웃음)

'돌창고프로젝트'를 통해서 계획했던 일은 어떤 구상이 었나요?

당시 많이 보던 공간 트렌드는 창고를 리모델링해서 카페를 하는 거였어요. 제주도의 창고라는 창고는 다 카페라고 해도 과언이 아니었으니까. 그래서 적어도 그렇게는 하지 말자고. 전부 다 카페가 되는 건 너무 슬픈 일이라고 생각했어요.

남해로 오기 전, 하동에서 도자기공방과 카페와 게스트하우스를 같이 운영 했어요. 당시에는 게스트하우스가 어떤 건지 모르는 사람도 주변에

많았어요. 저는 대학시절 인도여행을 했던 경험이
기반이 되기도 했어요. '차의 고장' 하동은 '커피'에
대한 반감이 컸는데(웃음), 그러다 보니 카페가 별로
없어서, 욕심내지 않고 카페를 운영하기도 괜찮았어요.
그리고 숙박시설도 거의 없어서 게스트하우스 운영이
생각보다 잘되었어요.
돌창고를 매입하고 남해로 넘어오면서, 그렇게
하던 일들을 그대로 이어서 하게 되었죠. 카페도
게스트하우스도요. 마을회관을 매입해서 저희가
1층에 살고 2층을 게스트하우스로 운영했는데, 그때
마침 형님이 퇴사 후 합류해서 운영하다가 다시
사시던 곳으로 돌아가셨어요. 그래서 근처에서 다른
게스트하우스를 운영하던 부부에게 넘겼는데, 그
친구들이 고급 독채로 바꿔서 지금도 잘 운영하고
있어요. 저는 그렇게 해볼 생각을 못했거든요!

DolChangGo
NAMHAE

남해 돌창고에서 문화와 예술로 삶의 방식을 제안 합니다.

3F 전망대
2F 카페
1F 상점
도자기 작업실

일상과 비일상의 공존

돌창고프로젝트

그리고 애초에 대정마을 돌창고는 남해 예술가들을 위한 커뮤니티 공간으로 기획했어요. 저 또한 도예를 하고 있어서 관심있는 분야이기도 하고, 작가인 제가 예술가들의 어려움을 알기 때문에, 작가들이 항상 바라던 고민을 공간에 담게 되었어요. 카페와 게스트하우스를 함께 하는 건, 공방이라는 내 작업실(이상적인 부분)을 운영하기 위한 일상이 되는 부분(돈을 버는)인데, 한 공간 안에 일상과 이상이 공존하고, 작업과 전시 그리고 판매까지 이어지게 하면서 지역 예술가들도 이 공간을 보며 생각할 수 있는 계기가 되기를 바랐던 것도 있어요.

돌창고프로젝트

작가들과의 작업 그리고 전시는 어떻게 진행되나요?
전시를 기획할 때, 작가와 많은 대화를 나눕니다.
특히, 저희 공간은 '예술인 등록'을 지원해 주고자
하는 의도가 있는데요, 예술인으로 등록하기 위해서는
예술 활동을 증명해야 합니다. 사업자등록증이 있는
공간에서 계약을 통해 전시를 하고, 전시 증빙(포스터,
팜플렛 등)을 제출해야 하는데, 신진작가들은 이런
일이 쉽지 않거든요. 비용도 만만치 않구요. 그런데
막상 전시를 하게 되면, 내가 진짜 예술가가 될 수
있을까 부터 고민하기 시작해서 많은 생각을 하게
돼요. 그런데 막상 전시 보러 오는 사람들의 피드백을
받거나 작품 판매가 일어나면, 초보 예술인들이
활동을 이어가는 데 큰 동기부여가 될 수 있기 때문에

기회가 많을수록 좋다고 생각해요. 그래서 이러한
부분을 염두에 두고, 작가의 의도와 계획을 참고해서,
점차 단계를 밟을 수 있도록 차근차근 옆에서 함께
걸어가는거죠. 사실, 제가 힘들고 어려웠던 부분에
대한 시행착오를 줄여주고 싶은 마음이 있습니다.
현재(인터뷰 당시) 진행하고 있는 전시는 지역작가들의
단체전시인데, 남해라는 지역과 다양한 공간에 대한
홍보를 하기 위한 목적을 담고 있어요. 이렇게 지역을
담거나 지역 작가의 작품을 전시하는 공간으로
포지셔닝하고 있습니다. '남해 돌창고'라는 공간이
아무 전시나 한다면 저희 공간도 차별적인 부분이
없어지니까요. 이런 것 또한, 작가들하고 얘기를 많이
나누죠.

머무름의 목적(The Stay) ②

전시판매가 쉽지 않으면, 운영을 지속가능하기 위한 어려움이 있을 것 같습니다.
작가의 재료비를 반반 부담하고, 수익도 반반 부담하는 구조에요. 적자도 반반 부담. 어떻게 보면 공동체죠. 전시 개최를 위해 100만원을 썼으면, 100만원을 벌어서 다음에 또 해보자를 목표로 삼아요. 아무래도 작품 판매는 쉽지 않으니, 굿즈로 조금 극복하기도 하구요.

전시판매 보다는 카페 운영이 어려워요. 사람 쓰는 부분이요. 일하는 친구들에게 작은 비전을 보여줄 필요가 있고, 그런 부분이 잘 맞는 사람들과 맞추어 오래 일하는 것이 가장 큰 과제에요. 저희도 시행착오를 거치면서 맞추어 가고 있는 중이고요.

돌창고프로젝트

일상과 비일상의 공존

소위 '로컬' 이라고 하는 그 곳에 대한 대표님의 생각을 부탁드립니다.

로컬, 지방, 시골…이라면 웰빙, 워라밸… 이런 단어로 소비되지 않나 싶어요. 이건 그냥 개념적인 거고, 실질적으로 '로컬'에는 많은 사람들이 포함되어 있죠. 그리고 지역의 독특함도 있지만 한계도 있죠. '남해'는 남해가 가진 자원 덕분에 먹고 살거든요. 그런데 혹자는 자기가 잘해서 유명해지고, 이곳 또한 알려지게 했다고 생각하는 경우가 있죠.
저는 지역에 대한 애착을 가져야 한다고 생각해요. 그런 생각에서 모든 사업이 되어야 한다는 거죠. 눈에 보이지 않지만, 이 지역과 장소가 주는 많은 것들의 덕을 본다고 생각해요. 하지만, 뭐 저도 남이 보기엔 아닐 수도 있습니다.(웃음)

머무름의 목적(The Stay) ②

일하듯 쉬듯 일상과 비일상이 연결된 공간이
저에게는 필요한 조화로움이죠.

일상과 비일상의 공존

'남해'는 남해가 가진 자원 덕분에 먹고 살거든요.
그런데, 혹자는 자기가 잘해서 유명해지고,
이곳 또한 알려지게 했다고 생각하는 경우가 있죠.
저는 지역에 대한 애착을 가져야 한다고 생각해요.

Chapter 1. Innby, 머무르는 그 곳

특별한 그 곳
(Near By Me)

자발적 고립 명소
퇴사 전후 찾게 되는 곳의 비밀, 썸원스페이지 숲

숲속 시공간, 오월학교
가족이 함께 누리는 사계

특별한 그 곳(Near By Me) ①

자발적 고립 명소

— 퇴사 전후 찾게 되는 곳의 비밀, 썸원스페이지 숲

춘천 오월학교

경주, 전주, 제주, 부산, 강릉, 속초.
모두 이름만 들어도 떠오르는 이미지가 있다. 여가나 휴가가 생긴다면 바람 쐬러 가고 싶은 도시라는 것.
도시, 건축 등 공간 분야에서 10년 이상 일하고 있는 전문가들은 어디를 가는가?
춘천, 양양, 고성. '강원도' 라고 하기엔 지역마다 또 다른 특색이 있다.

특별히 찾아가는 지역 (응답 수 많은 순서)

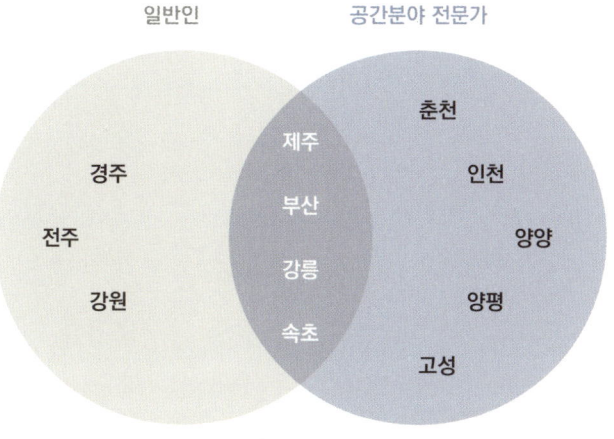

PLQ 기획 및 분석(2022년 5~7월, 일반인 응답자 1,000명, 전문가 응답자 110명 오픈서베이 조사)

특별한 그 곳(Near By Me) ①

썸원스페이지 숲

자발적 고립 명소

"여기는 펜션이 아닙니다.
비슷한 결을 가진 사람들의 회복과 회고의 공간입니다."

Interview1. 썸원스페이지 숲, 손영일 대표

[&Scape] '자발적 고립'을 정체성 삼아 숲속에 자리한
책과 쉼이 있는 공간. 하늘과 구름과 별,
와이파이가 연결되지 않는 환경,
방마다 놓인 방명록과 공유 서재, 곳곳에 붙어 있는 다녀간 이들의
손 글씨 흔적이 지금 머무르는 이에게 말없이 말을 걸고,
그 환경에 응답하다 보면, 어느새 자신을 생각하게 되는 북스테이

특별한 그 곳(Near By Me) ①

자발적 고립 명소

Interview with 썸원스페이지 숲 / 손영일 대표
"퇴사 전후 찾게 되는 곳의 비밀"

'썸원스페이지 숲'을 이 곳에 운영하시게 된 여정이 궁금합니다.
저(썸장)는 IT회사에서 UI디자이너로 오랫동안 일했어요. 언제까지 회사생활을 할 수는 없다, 이렇게 늙어가면 안되겠다는 생각이 들어 다른 삶을 고민하게 되었고 그때 내가 무엇을 하고 싶은지 골똘히 생각했죠. 여행하는 사람들을 만나고 이야기나누는 걸 좋아한다는 점을 알았고 그럼 그것이 가능한 공간을 만들어보자 싶었어요.
처음부터 제 사업을 한 것은 아니고 강화도에서 5년간 다른 분의 공간을 위탁받아 운영해서 경험을 쌓았습니다. 그 시간을 통해서 깨달은 것이 있어요. 조용하게 쉴 수 있는 공간이 나랑 좀 더 맞는구나, 그러려면 이렇게 저녁에 바비큐를 하는 시스템은 아니라는 것이었죠. 그래서 본격적으로 제 공간을 꾸려야겠다 생각하면서 도시와 공간의 성격을 바꾸었습니다. 춘천에서 태어나지는 않았지만 학창시절을 춘천에서 보낸 덕분에 춘천이 아주 낯설지만은 않았어요.

'썸원스페이지'는 춘천 시내에서 먼저 시작했습니다. 그때부터 북스테이로 운영했죠. 책을 좋아하는 사람은 조용히 머물겠다는 생각에서 책을 중요한 컨셉으로 잡았습니다. 4년을 했는데 시내보다 더 숲으로 들어가고 싶더라고요. 그래서 마땅한 곳을 알아보던 중에 지금 자리를 만났고 보자마자 '여기구나'라는 직감이 있었어요. 2020년에 공사를 시작해서 2021년 1월 '썸원스페이지 숲'을 열었습니다.

문을 여신 지 벌써 4년을 꽉 채워가네요. 왠지 재방문 손님이 많을 것 같은데요.
재방문하시는 분이 30%, 다녀가신 분 소개로 오셨다고 하는 분들이 또 30% 정도 되는 것 같아요. 소개로 오셨어도 말씀하지 않으셔서 제가 모르는 경우도 있을 테고요. 혼자 오시는 분이 많은 편이고 1인 여행자의 95%가 여성이에요.
제가 사람 만나서 대화하는 것을 좋아한다고 생각해서 맨 처음 게스트하우스를 시작했던 건데 아무나 좋아하는 게 아니라 좋은 사람만 좋아한다는 중요한

특별한 그 곳(Near By Me) ①

포인트가 있더라고요(웃음). 혼자 오시는 분, 다시 오시는 분, 소개로 오시는 분이 많다는 현상은 곧 결이 맞는 사람들이 오고 또 오고, 그런 분들께 자연스럽게 전파되고 이어진다는 의미 같아서 좋습니다. 모든 손님들과 대화를 나누는 건 아니지만 그런 현상들을 관찰하다 보면 제가 숙박장소를 운영하는 것이 아니라 '소심한 커뮤니티'를 운영한다는 생각이 들 때도 있어요. 오시는 분들도 저를 닮아서 비슷한 것 같고요.

책이 있는 북스테이라는 것만으로 손님들의 결을 유지해 오시긴 어려웠을 거라고 짐작합니다. 결이 맞는 이들이 오고, 또 오는 공간이 되기까지 썸장님만의 운영 방법이 있을까요?

제가 가장 중요하게 여기는 것이 있습니다. 예약을 받을 때 왜 이 곳에 오려고 하는지 방문 이유를 쓰게 되어 있어요. 그것을 제대로 적지 않으시면 따로 연락을 해서 여쭤봅니다. 그 글만 읽어도 대략 느낌이 와요. 그걸 읽었을 때 우리 공간과 잘 맞지 않는다고 생각하면 조심스럽게 말씀을 드리기도 합니다. 예를 들어, 근처에 골프장이 있는데 골프치는 것이 나쁘다는 게 아니라 운동을 하시고 단체로 가까운 곳에서 잠만 자면 되겠다는 생각으로 예약하시는 경우가 오픈 초기에 많았어요. 그런 분들과는 서로 니즈가 다르기 때문에 양쪽 다 불편해 집니다.

지금은 예약 안내 페이지에 「잠만 잘 곳을 찾는 분, 근처 골프장 방문차 오시는 분은 다른 숙소를 이용해주세요.」라는 문구를 표기해 두었습니다. 또 한 사람이 여러 개의 방을 예약하지 못하도록 해요. 왜냐하면 이 곳의 정보를 찾아본 사람은 공간에 대해 이해하고 있지만 그냥 따라오는 사람들은 공간을 잘 모를 확률이 높거든요. 그럼 마찬가지로 서로 기대가 달라 불편해지는 상황이 생기니까요.

이제는 시간이 쌓여서 이런 보이지 않는 허들을 넘은 분들 그러니까, 정해둔 공간의 룰을 대부분 지키는 분들이 예약하세요. 다양한 직종, 다양한 일을 하는 분들인데 비슷한 결의 사람들이 오는 거죠.

사람이 바뀌려면 환경이 바뀌어야 한다고 생각하는데요. 제가 변화하기 위해서도 그렇고 손님의 결을 바꾸기 위해서도요. 춘천 시내에서 숲으로 들어온 이유도 일맥상통합니다.

제가 쉬고 싶어서 숲을 알아본 것도 있지만 아무래도 시내 한복판에 있다 보니까 그냥 잠만 자러 여관처럼 오는 분들이 계실 수밖에 없죠. 그런데 이렇게 고립된 곳으로 오니까 이것을 불편하다고 여기는 분은 오지 않아요. 외려 이런 환경이 필요한 분들이 발견해서 일부러 찾아오시죠. 좀 더 제가 추구하는 공간의 방향에 맞는 환경으로 잘 온 것 같아요.

그래도 시내에서 운영할 때도 결이 비슷한 분들은 여러 번 오셨어요. 그 중에 단골이었다가 이 곳, 춘천의 이웃이 된 팀도 다섯 팀이랍니다. 결국 비슷한 사람들은 서로를 알아보는 것 같습니다.

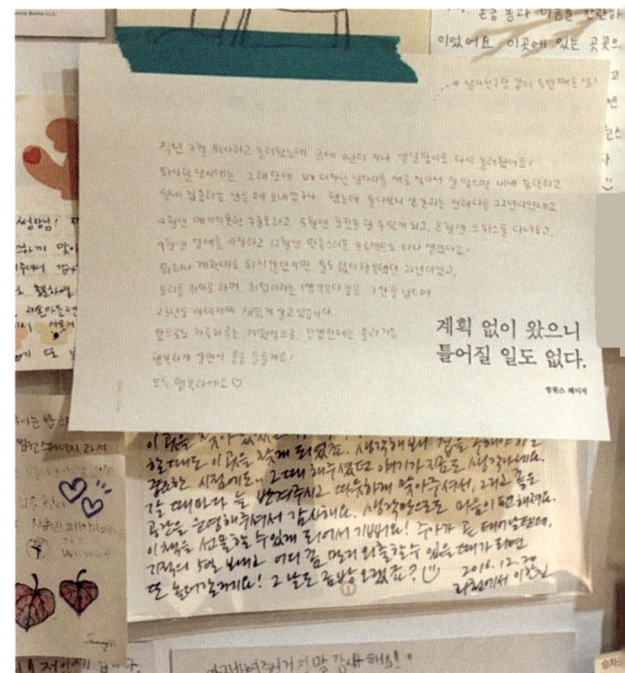

지금 저희가 앉아있는 공유서재에 손님들이 남기고 간 메모가 아주 많아요. 얼마든지 방에 가져가서 볼 수 있는 책도 서가에 많이 있고요. 좋아하는 책들이 눈에 띄어 반가웠습니다(웃음).

공유서재에 붙어 있는 손편지, 메모들에 둘러싸여 있으니까 나도 왠지 쓰고 싶다는 마음이 드는 것 같아요. 그리고 혼자 오시는 분이 많은데 혼자 왔지만 혼자 있는 것 같지 않은 느낌도 줄 수 있고요. 그걸 바라고 붙이기 시작한 건 아닌데 이제는 공간 정체성의 일부분이에요, 감사하죠. 시간과 사람의 흔적이 그만큼 쌓여가는 걸 눈으로 매일 볼 수 있으니까요. 붙어 있는 메모 외에 각 방과 공유공간에 놓인 방명록들은 강화도에서 운영할 때부터 쌓인 기록들을 모두 보관하고 있습니다.

서가의 책이 마음에 드셨다니 다행이에요. 북스테이를 하겠다고 마음먹고 나서 책 큐레이션을 고민하던 때가 있었는데 이제 저의 기준은 확고해요. 베스트셀러 같은 유행을 따라가지 말고 제가 좋아하는 책 위주로 들이려고 합니다. 그리고 책이 많은 북스테이이긴 하지만 오시는 분들이 모두 책을 읽을 필요는 없다고 생각해요.

꼭 책을 읽지 않더라도 하늘의 뭉게구름, 별과 달을 보면서 아무 생각 안 하고 비워내는 시간을 이 곳에서 가질 수 있다면 그 또한 소중한 것 같습니다. 마당에서 본 밤하늘 별사진을 SNS 피드에 게시하는데 그 사진을 보고 손님들이 하늘을 올려다보길 바라요. 우리가 일상에서는 바쁘니까 하늘을 잘 쳐다보지 않잖아요.

특별한 그 곳(Near By Me) ①

공간 모든 환경이 자신에 대해 생각해보라고 하는 것 같습니다. 자신의 이야기를 글로 꺼내 놓고 가기도 하고요.

예약받을 때 오시려고 하는 이유를 여쭤본다고 했잖아요. 그 답변과 방명록, 메모들을 읽다 보면 우리나라 20대 후반~ 30대 초반의 사람들이 참 쉴 곳이 없구나, 자기 얘기를 할 곳이 없구나 정말 많이 느껴요. 퇴사한 분들이 자신에 대해 생각하게 됐다는 글도 많이 남기고 가시고요. 자신이 뭘 좋아하는지 아는 것이 정말 중요한데 우리나라의 교육은 그 생각을 못하게 하죠. 그렇게 자신이 어떤 사람인지 모른 채 성인이 되고, 그러니 학교를 졸업하고 삶의 방향을 정할 때 다 비슷한 결정을 하고 비슷한 모양으로 살게 되는 거죠.

자발적 고립 명소

저희 딸이 대안학교에 다니고 있어요. 둘째가 입학하고 얼마 안 되서어 제가 "이제 뭐 할거니?"라고 물었더니 "찾는 중이에요!"라고 하더라고요. 그때 뜨끔했죠. 내가 기다리지 않고 조급했구나 싶었습니다. 퇴사하고 오신 분들 중에 앞으로 자신이 뭘 해야 할지 모르겠다는 경우가 많은데요. 무엇을 할지를 알려면 자신이 어떤 사람인지를 생각하는 질문, 답을 찾는 시간을 갖는 게 우선이라고 생각해요. 자신이 뭘 좋아하는지도 모르겠다 싶으면 좋아하는 것을 찾기 위해 반대로 싫어하는 것을 먼저 쭉 써보라고 말씀드릴 때도 있습니다.

앞으로의 계획과 꿈이 궁금합니다.
치밀한 기획은 아니지만 명확한 취향의 조각들이 모여 결국 공간의 정체성을 이루고 있다 생각해요. 이제 4년이 다 되어가니 이 공간을 오래 하려면 무엇을 어떻게 해야 할까 고민을 하게 됩니다.
지금은 한 달에 이틀 정도만 비정기 휴무를 갖고 있는데 오래 하기 위해 앞으로는 조금 늘려서 건강을 챙겨야 할 것 같고. 공간의 분위기나 규칙 같은 것을 어디까지 바꾸고 어디까지 바꾸지 말아야 할까 그 기준에 대해서도 정밀하게 생각을 다듬는 해를 보내고 있습니다.
'에반스의 서재' 객실은 지금 최대 4인까지 주무실 수 있는 공간으로 비교적 큰 편인데, 썸원스페이지에는 1인 여행자의 비중이 높으니까 아예 그 공간도 반으로 나누어 1인에게 특화된 장소라는 정체성에 집중하는 건 어떨까 싶어요. 지금은 숲에 있는데 '썸원스페이지 바다'라는 공간을 만든다면 어떨까 라는 상상도 이따금 즐겁게 하고요.
인공지능 시대가 와도 제가 하는 일은 없어지지 않을 거라는 확신이 있어요. 왜냐하면 제가 하는 공간은 앞으로도 사람의 온기, 제 취향의 조각들로 채워진 곳일 텐데 저는 단 한 명이니까요. 오시는 분들이 자신에 대해 생각하는 시간을 가질 수 있는 공간이길 바라는 것처럼 저 역시 스스로 계속 알아가는 중이에요.
뭐든지 젊을 때 하자는 생각을 품고 사는데 지금이 제일 젊은 때라는 사실을 잊지 않고 앞으로도 직관을 따라 살아가려고 합니다.

103

자발적 고립 명소

오시는 분들이 자신에 대해서 생각하는
시간을 가질 수 있는 공간이길 바라는 것처럼
저 역시 스스로 계속 알아가는 중입니다.

특별한 그 곳(Near By Me) ②
숲속 시공간, 오월학교
— 가족이 함께 누리는 사계

춘천 오월학교

집과 직장을 벗어나 워케이션, 세컨드하우스 하면 떠오르는 곳들은
'접근성 좋은 자연환경'이라는, 양립하기 어려운 니즈를 갖춘 곳인 경우가 많다.
육지에서 멀리 떨어진, 충분한 거리감이 느껴지는 제주도를 선호하는 일반 사람들.
반면 공간 분야 전문가들은 '강원도'를 1순위로 꼽았다, 여차하면 서울로 즉시 돌아올 수 있는.

세컨드 하우스를 둔다면 어디(일반인)*?
(1~2순위 중복 응답)

세컨드 하우스를 둔다면 어디(공간 전문가)*?
(1~2순위 중복 응답)

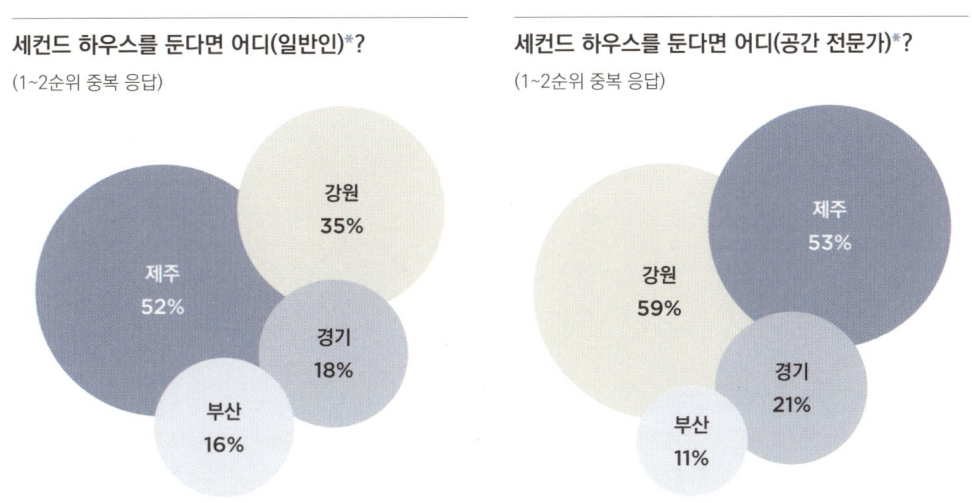

일반인: 제주 52%, 강원 35%, 경기 18%, 부산 16%
공간 전문가: 강원 59%, 제주 53%, 경기 21%, 부산 11%

*PLQ 기획 및 분석(2022년 5~7월, 일반인 응답자 1,000명, 전문가 응답자 110명 오픈서베이 조사)

"자연의 품에 안겨 가족의 품으로 돌아가는,
가장 소중한 이들과 보내는 시간"

Interview2. 오월학교, 최상희 대표

[&Scape] 낭만의 도시 춘천 끝자락, 1982년 폐교된 지암국교. 오래도록 버려져 있던 공간이 세월의 의미와 주변의 아름다운 자연, 그리고 누구나 자연을 벗 삼아 편안하게 쉬고 즐기고 누릴 수 있길 바라는 마음을 만나 오월학교로 변신했다.

스스로 좋아하고 즐거운 것에 자신만의 감성을 한끝 차이로 곁들인다면 진심과 열정이 전해진다고 믿는 사람. 그런 공간지기가 들려주는 이야기에 고개를 주억거리다 보면 이런 마음을 담고 있는 공간에 어느 때고 달려가 머물고 싶어진다.

특별한 그 곳(Near By Me) ②

Interview with 오월학교 / 최상희 대표
"가족이 함께 누리는 사계"

온 가족이 한 곳에서 함께 경험하는 콘텐츠

10년 넘게 비플러스엠 가구를 만들면서 완성한 가구들을 직접 가져다 드렸어요. 만든 사람이 가서 설명하는 과정을 중요하게 여겼기 때문이죠. 신혼부부로 처음 만났던 분들이 시간이 흘러 부모가 되고, 그 가족을 또 만나게 되고, 어느새 저도 한 아이의 부모가 되면서 이 분들께 제가 더 도움이 될 수 없을까, 교류를 확장시킬 방법이 없을까 고민을 시작했고, 거기에서 오월학교가 시작되었습니다. 오월학교는 스테이, 레스토랑, 카페, 나무 창작소가 있는 복합문화공간이에요. 오래 전에 폐교된 학교 건물을 매입해서 가족이 한 곳에서 시간을 보내고 유대 관계를 맺을 수 있는 장소로 만들었죠.
자연에서 아이들이 부모와 함께 많은 것들을 배우고 쉬어 가면 좋겠다는 마음이 있었는데, 그걸 담아내기에 학교라는 공간이 이상적이라고 생각했습니다. 물론 가족들만 와야 하는 곳은 아니고 스테이와 스테이 전용 운동장(카라반과 빅 텐트)을 제외한 나머지 공간은 누구에게나 항상 열려 있어요. 카페와 레스토랑과 나무 창작소까지 누구나 이용할 수 있는 공간이에요.
오월학교 공간 곳곳을 한 가족이 누비고 누리는 장면을 그려보면, 아빠와 아이가 함께 목공클래스나 프로그램에 참여해 유대 관계를 맺는 시간을 보내는 동안 엄마는 카페에서 커피를 마시고 그 장면을 보면서 휴식을 누려요. 제가 가구 만드는 일을 오랫동안 했지만 커피도 무척 좋아하고 즐기거든요. 아이들에게 정성스러운 음식을 먹이고 싶다는 바람은 레스토랑에 담겼구요.

특별한 그 곳(Near By Me) ②

나무 창작소는 오월학교에서 가장 먼저 기획한 콘텐츠 공간이에요. 오월학교의 전신인 비플러스엠의 색이 가장 잘 드러나는 곳인데, 아빠와 아이가 어떻게 시간을 같이 보내야 의미있는 관계가 만들어질 수 있을까 고민하다가 가구를 만들었던 목수의 관점으로 풀어낸 공간입니다.

숲속 시공간, 오월학교

부모들이 위험하다는 이유로 아이들에게 공구를 만지지 못하게 하잖아요. 그런데 그것을 조심해서 안전하게 쓸 수 있다면, 그 안내를 아빠가 아이에게 해준다면 의미있지 않을까 싶었어요. 그러니까 나무 창작소에서 아빠와 아이는 나무로 어떤 결과물을 완성하는 것이 목적이 아니라 실은 둘이서 같은 경험을 하는 그 시간 자체가 중요한 거예요.

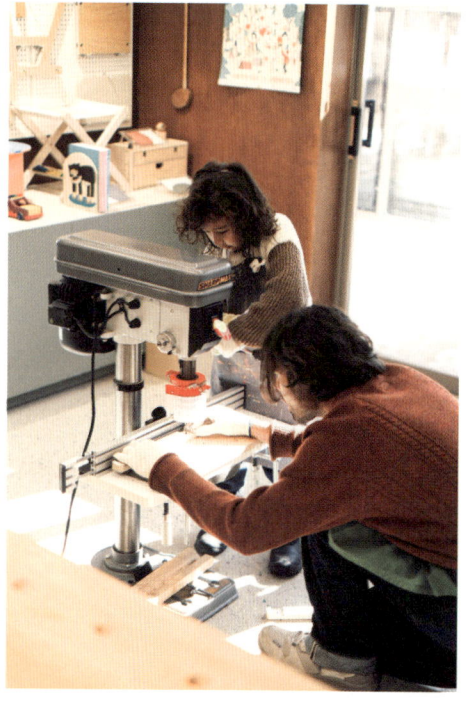

앞으로는 아이의 취미를 찾아주는, 아니 아빠와 아이가 함께 경험하면서 서로의 취향과 취미를 발견하는 프로그램을 더 많이 기획하고 실행하고 싶어요.
얼마 전 '오월학교랑 캠핑가자!'라는 프로그램을 진행했는데 반응이 뜨거웠거든요. 아이만이 아니라 어른들도 자신이 무엇을 좋아하는지, 뭘 할 때 즐거운지 모르는 경우가 많아요. 아이를 위해서 보내는 시간이라고 생각했던 경험 속에서 아빠의 취향을 알게 될지 누가 알겠어요.

필요한 건, 마음과 체력

그 자체로 완벽한 단어들 앞에 '진짜'라는 수식어를 붙여 구분해야 할 날이 올지도 모른다고 생각한다. 진짜 자유, 진짜 사랑, 진짜 신뢰, 진짜 친구, 진짜 소통 처럼. 심지어 진짜 진심과 진짜 진정성이라는 말은 어떤가. 진짜라는 수식어를 두 번 붙여 어색하게 들릴지 모르지만 혹자는 "진정성이라는 단어처럼 진정성을 느끼기 어려운 단어도 없다"고 하지 않았던가. 진심과 진정성의 '진'은 이제 본연의 뜻이 바랜 채 말하는 사람과 듣는 이 모두 대충 흘려버리는 말이 된 것 같다.

그런데 오월학교 최상희 대표와 대화를 하다 보면 '이 사람 진심인데?'라는 생각이 절로 든다. 진심은, 진정성은 그런 것이다. "진심입니다"하고 말로써 강조하고 반복한다고 해서 상대가 인식하는 게 아니라 한 사람의 선택과 행동이 일관성있게 뿜어내어 저절로 스미는 무엇. 이를테면 오월학교를 무대 삼아 그리고 오월리의 공간을 넘어 최 대표가 앞으로 펼치고 싶은 것들을 이야기할 때 한 번도 꺼진 적 없는 눈빛. "그걸 어떻게 다 해요?" 물으면 "체력을 더 키워야죠." 망설임 없이 나오는 답변.

이 '진짜 마음'이 필연적일 수밖에 없는 이유는 오월학교 기획을 시작한 시점부터 드러난다.
"청년이었던 저도 어느새 결혼을 하고 한 아이의 아빠가 되면서 그동안 보아오던 (비플러스엠) 고객들과 교감을 하며 다가갈 수 있는 적기라 느꼈어요. 제가 오월학교를 만들어 가는 과정 속에서 저의 진정성이 묻어나고 진심이 전해질 수 있다고 생각한 거죠. 지금이라면 그들과 함께 공감하면서 진정성 있게 다가갈 수 있지 않을까 하는 생각이 들어 시작하게 되었습니다."

숲속 시공간, 오월학교

스스로 아빠가 된 바로 그 시점, 그 때를 놓치지 않고 그 시기에만 가능한 일을 시작했던 최상희 대표는 스테이 체크인, 바비큐 세팅, 모닥불 피우기, 목공수업까지 모든 걸 직접 다 한다. 가능한 일인가 싶을 만큼 다종다양한 일을 기획하고, 직접 실행까지 하는 이유는 한번 만난 고객을 언젠가 다시 만나게 되면 꼭 기억해드리고 싶어서다. 그 마음을 포기하는 대신 체력을 기르는 쪽을 택했다.

"저는 한 아이의 아빠이자 건축과 공간을 좋아하는 잡다한 취미를 가진 목수입니다. 지금의 오월학교 콘셉트와 타깃층을 고려했을 때 제가 5,60살이 되어 이 공간을 열었다면 지금의 에너지를 낼 수 있었을까요? 그래서 저는 지금이 아니면 안 될 것 같다는 확신, 나름의 소신 같은 게 생기는 바로 그 순간 과감하게 도전했어요.
여러분들도 분명 그런 순간이 올 거예요. 그 순간을 놓치지 말고 조금 무식해지는 것도 도움이 될 겁니다."

최 대표는 얼마 전 기획, 실행했던 '오월학교랑 캠핑 가자!'가 뜨거운 호응 속에서 빠르게 마감, 성황리에 마무리되었음에도 아쉬움이 남는다고 했다. 직접 기획한 프로그램을 제한된 공간 여건 때문에 오월학교에서 펼치지 못하고 다른 곳에서 진행해야 했기 때문. 그래서 그는 언젠가 오월학교에서 캠핑 프로그램을 진행하길 바라는 마음을 현실적으로 구현할 방법을 궁리하고 있다.
'오월학교랑 캠핑 가자!'가 '오월학교에서 캠핑 하자!'라고 이름을 바꿔달고 오월리에서 펼쳐지는 날, 그 시공간에 진심을 눌러담아 누구보다 바삐 뛰어다닐 최상희 대표가 벌써 그려진다.

그래서 저는 지금이 아니면 안 될 것 같다는 확신, 나름의 소신 같은 게 생기는 바로 그 순간 과감하게 도전했어요. 여러분들도 분명 그런 순간이 올 거예요. 그 순간을 놓치지 말고 조금 무식해지는 것도 도움이 될 겁니다.

Chapter 1. Innby, 머무르는 그 곳

오래 머무르는 그 곳
(Living & More)

사유 공간 공유하기, 단비책방
천천히 준비한 나만의 공간

내 취향에 맞는 그 곳, Rosa Candle
어디보다 '어떻게'가 먼저

오래 머무르는 그 곳(Living & More) ①
사유 공간 공유하기, 단비책방

— 천천히 준비한 나만의 공간

가장 가고 싶지 않은 지역을 선정한 이유는*?

물가가 많다 좋은 멀어요
교통체증 교통불편 않은 바가지 자주 생각보다
복잡하다 볼게 같아서 멀고 별로 교통 특별한 느낌 볼거리
할게 복잡해서 거리가 많이 없는 같음 복잡
비쌈 많음 특색이 사람이 부족 멀어서 재미가
그냥 교통편이 불편 멀다 없음 없다 싶지 있어서
없었다 지역 같다 불편하다
사람들이 불친절 없어서 딱히 곳이 교통이 굳이 맞지
시설이 음식 않음 많고 않아서 즐길거리가
것이 많아서 복잡하고 없고 너무 가고 특별히 많지 있고
불편하고 크게 불편함 공기가 뭐가
차가 관광지가 음식 복잡함 볼거리가 불편해서 가격이

가장 가고 싶지 않은 곳은 어떤 곳인가요?
교통이 불편하고, 볼거리가 없고, 특색이 없는 곳이라고 응답하면서,
일반인과 공간 분야 전문가 모두 세종시가 바로 그런 곳이라고 지목했다.
그런 세종시에서 자신만의 '그 곳'을 찾은, 아니 만든 단비책방을 들여다 보았다.

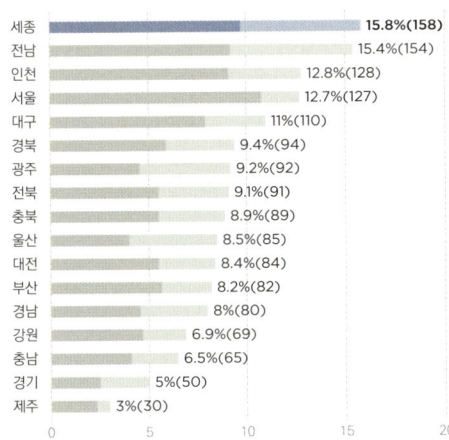

(일반인) 가장 가고 싶지 않은 지역은*?
(1~2순위 중복 응답)

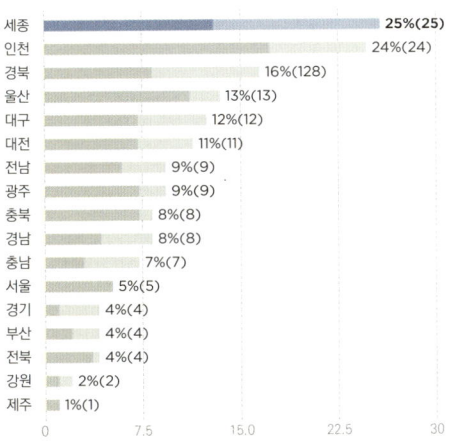

(공간 분야 전문가) 가장 가고 싶지 않은 지역은*?
(1~2순위 중복 응답)

*PLQ 기획 및 분석(2022년 5~7월, 일반인 응답자 1,000명, 전문가 응답자 110명 오픈서베이 조사)

"경험을 하면서 스스로의 반응과 감정을 섬세하게 관찰하고
솔직하게 인정한 덕분에 알았어요."

Interview1. 단비책방, 연영숙 대표

[&Scape] 여행으로 머물고 싶은 지역 선호도 조사에서 최하위를 차지한 세종. 그런 세종시에서도 도심에서 차로 20분 이상 달려야 도착할 수 있는 산자락에 단비책방이 있다.
수도권에서 오랫동안 조직생활을 하던 부부가 낯선 도시 세종을 선택하고 책방 문을 열고 꾸려가는 이야기는 일상으로 머물 그릇을 선택할 때 다른 이의 이야기가 아닌 자신의 이야기에 귀 기울이는 것이 왜 중요한지 알려준다.

오래 머무르는 그 곳(Living & More) ①

©문화공작소

Interview with 단비책방 / 연영숙 대표
"천천히 준비한 나만의 공간"

단비책방 이전에 선재도 하우스가 있었다.

저와 남편은 경기도 시흥에 살았어요. 저희는 무조건 돈을 모으기만 하거나 재테크를 중요하게 여기는 것보다 지금, 현재를 즐겁게 살자는 가치관이 통해요. 그래서 주말마다 같이 운동하고 여행을 다녔어요. 언젠가 따듯한 남쪽으로 내려가서 살아야겠다는 막연한 꿈만 있었고요. 그러다 우연히 시흥에서 가까운 선재도에서 마음에 드는 구옥을 만났고 우선 주말만이라도 이 곳에서 시간을 보내면 어떨까 하는 생각으로 계약했습니다.

선재도 하우스가 사람들이 소위 말하는 세컨드 하우스잖아요. 섬에 있으니까 도시와는 다른 자연이 자아내는 고요함과 평화가 있기도 하고. 그래서 초기에는 계속 지인들이 찾아오고 놀러 왔는데 그러니까 지치더라고요. 저와 남편이 처음에 그 공간을 만들고 그곳에서 채우고 싶던 시간이 아니라는 걸 깨달은거죠.

그때부터 지인들이 무작정 놀러 온다고 하는 것을 모두 받아들이지는 않고 저희 둘만의 오롯한 시간을 확보하려는 노력을 했어요. 몇 년 동안 선재도 하우스에서 주말을 지내보니 도시를 벗어나 살 수 있겠다는 자신감이 생겼어요. 그리고 구옥을 제대로 고치지 않으면 여름에 덥고 겨울에 춥다는 현실도 몸소 체험했고요(웃음).

선재도 하우스 이후로 생활 터전 자체를 따듯한 남쪽으로 옮기려 본격적으로 고민을 시작했습니다. 그 때 동생이 '이웃과 마을 만들기' 프로젝트를 추진하고 있었는데 대상 지역이 바로 이 동네였거든요. 어느 날 같이 보러 가자고 하더라고요. 처음 본 날은 딱히 매력적으로 느껴지지 않아서 별 생각 없이 돌아왔는데 며칠 후부터 이상하게 자꾸 생각이 나는 거예요. 그래서 남편에게 다시 가보자고 했는데, 참 신기하게도 그 날은 보자마자 마음에 들더라고요. 동참하겠다고 동생에게 바로 얘기하고 공사를 시작했습니다.

오래 머무르는 그 곳(Living & More) ①

ⓒ문화공작소

동생 부부가 '한겨레 건축학교'를 다녔거든요. 배운 것을 활용해서 어느 시골에 농막을 지었더라고요. 집의 축소판이라고 생각하시면 되는데 들어가보니 정말 신기했어요. 농막을 보러 간 날 정말 더웠는데 안에 들어가니 에어컨 없이 시원한 거예요. 건축에서 재료와 설계가 얼마나 중요한지 그 날 깨달았죠. 그 농막 구조를 염두에 두고 단비책방을 설계했어요. 1층 책방과 작은 주방, 다락까지요. 농막이 3평이었는데 허투루 쓰는 공간없이 설계를 하고 좋은 재료를 사용하니 쓰임새가 좋다는 걸 체감했던 거죠.

사유 공간 공유하기, 단비책방

ⓒ문화공작소

그리고 저희는 책방 건물 옆에 집을 따로 지었는데요. 최대한 동선을 줄이고 싶어서 책방과 가까이 오고 갈 수 있는 경로로 전체를 구상했어요. 상업공간과 집이 너무 가까이 있으니 괜찮냐고 물어보시는데 저는 동선을 짧게 하기를 잘했다고 생각해요.

"해보고 알았어요"는 현재 진행형

이것은 단비책방 연영숙 대표(이하 단비 님)의
이야기다.
단비 님과의 긴 인터뷰에서 가장 여러 번 들었던 말은
"해보고 알았어요"는 문장.
그녀가 해보고 알았던 것, 알고 나서 행동한 일은 선재도
하우스를 거쳐 세종으로 이주한 것이 전부가 아니다.

동생의 농막에서 건축의 설계와 재료가 얼마나
중요한지 실감하고 단비책방에 반영하지 않았던가.
또 단비책방은 북스테이와 손님들께 책을 판매하는
것 외에 학교나 도서관에 책을 납품하기도 하는데,
이 역시 도시에 살 때 사서였던 단비 님이 단비책방을
시작할 때부터 도서도매는 무조건 해야 한다고 염두에
두었던 일이다.

사실 인터뷰에서 들었던 "해보고 알았어요"라는 일화 중 가장 인상적인 소재는 정원이었다.

단비 님은 도시에 살 때부터 실내에서 식물 키우는 것에 관심이 많고 소질도 제법 있어 집에 화분이 정말 많았다. 그러다 마당 있는 선재도 집에서 주말을 보내게 된 것. 그런데 웬걸. 자신은 진짜 흙을 만지고 잡초를 뽑으며 식물 군락을 돌보는 일에 흥미가 없다는 걸 깨달았다.

반대로 선재 님은 선재도 하우스에서 마당의 잡초를 뽑고 식물과 가까이 지내기 시작하면서 자신이 그 일을 좋아한다는 걸 알았다고. 게다가 그는 새벽형 인간. 여름에 정원을 가꾸려면 너무 더워지기 전인 새벽부터 움직여야 하는데 그런 일에 꼭 맞았다. 이 정도면, 실내 공간 못지 않게 인상적인 단비책방의 정원 역시 선재도 하우스가 부부에게 준 경험의 결과라고 해도 지나치지 않을 것 같다.

오래 머무르는 그 곳(Living & More) ①

어느덧 단비책방이 문을 연 지 7년차가 되었다. 해보고 알았던 아니, 해보고 알아가는 일들은 앞으로의 계획에도 포함된다.

단비 님은 공간을 더 오랫동안 지속해 나가기 위해서는 무리하지 않는 것과 사업다각화가 필요하다고 했는데, 손님과의 관계도 무리하면 안 된다고, 진심으로 하면 그 마음을 알아주는 이들에게만 마음을 전하는 것이 중요하다는 의미였다. 이것은 마음을 많이 써서 상처받거나 지쳤던 초기를 떠올리며 꺼낸 이야기.

사업다각화를 꾀하고 있는 출판업은 또 어떤가. 책방을 하다 보면 유명하지 않더라도 좋은 책을 발굴하게 되고, 그런 상황을 마주할 때면 좋은 원고인데 출판을 거절당하는 글이 세상에 많겠구나 생각하게 된다면서, 이 경험과 생각의 흐름이 출판업이라는 계획으로 이어졌다고 했다. 좋은 책으로 연결되는 것들의 시작에 단비책방이 만든 책이 역할을 할 날이 머지않은 것 같다.

사유 공간 공유하기, 단비책방

ⓒ문화공작소

"해봐야 안다"는 말의 진실

"해보고 알았어요." 이 말은 귀촌을 꿈꾸는 모든 이에게 시사하는 바가 크다. 거주할 도시를 바꾼다는 것은 생활 인프라가, 이웃이, 주요 경제 활동이 송두리째 바뀌는 일이기 때문이다. 어쩌면 그 변화의 규모에 압도되어, 소도시의 느린 삶과 낭만을 꿈꾸면서도 감히, 그리고 영영 대도시를 떠나지 못할지도. 반면 누군가는 너무나 쉽게 결정하고 갑자기 작은 마을로 일상의 무대를 바꾸었다가 금세 실망하거나 적응하지 못하고 떠난다.

그러나 일상의 무대를 조금 작고 느린 곳으로 옮기는 결정은 거대하거나 작거나 무겁거나 가볍거나 어렵거나 쉽지 않다. 그저 중요하고 섬세할 뿐. 언젠가부터 로컬이 대세인 것 같으니까, 그 도시가 요즘 뜬다고 하니까, 거기로 가면 왠지 나도 느리게 살 수 있을 것 같으니까 하는 충동구매가 아니라 자신이 좋아하는 것과 싫어하는 것, 결코 견딜 수 없는 것과 이만하면 수용할 수 있는 것의 경계를 촘촘하게 세우는, 자신을 알아가는 일에 가깝다.
단비 님의 말이 품고 있는 의미를 풀어서 다시 써본다.
"경험을 하면서 스스로의 반응과 감정을 섬세하게 관찰하고 솔직하게 인정한 덕분에 알았어요" 라고.

오래 머무르는 그 곳(Living & More) ①

사유 공간 공유하기, 단비책방

일상의 무대를 조금 작고 느린 곳으로 옮기는 결정은,
충동구매가 아니라 자신을 알아가는 일에 가깝다.

사려니숲길

오래 머무르는 그 곳(Living & More) ②

내 취향에 맞는 그 곳, Rosa Candle

— 어디보다 '어떻게'가 먼저

베케, 제주도

'제주도 한달 살기'가 유행하던 시절이 있었다.
제주만의 고유한 특색과 자연이 그만한 가치가 있기에.
이제는 철 지난 트렌드가 되었는데,
한달살기가 아닌 '이 곳이 내가 살 곳이야!'라고 발견한 이가 있다면?

워케이션 또는 세컨드 하우스를 원하는 곳은*?

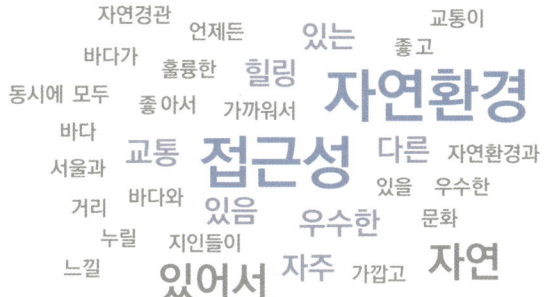

*PLQ 기획 및 분석(2022년 5~7월, 일반인 응답자 1,000명, 전문가 응답자 110명 오픈서베이 조사)

오래 머무르는 그 곳(Living & More) ②

내 취향에 맞는 그 곳, Rosa Candle

"다 잘 먹고 잘 살자고 하는건데,
다들 그걸 가장 나중으로 미뤄놓고 사는 것 같아요."

Interview2. 로자 캔들, 전주원 대표

[&Scape] 아이를 키우는데 별이 보이지 않고 흙도 자주 밟을 수 없는 곳에서
살고 싶지 않았다. 아니 아이와 그런 도시에서 살 수는 없었다.
서울에 거주할 때 부암동 백사실 계곡 근처에 살았는데도 별이 잘 보이지 않았다.
그래서 제주도에 내려갈 결심을 했다.
제주살이 10년차 전주원대표(이하 로자) 이야기다.

오래 머무르는 그 곳(Living & More) ②

Interview with 로자 캔들 / 전주원 대표
"어디보다 '어떻게'가 먼저"

나에게 맞는 그 곳 찾기, 제주 서귀포

제주에 내려온 첫해에는 친구가 옆집이 나왔다고 알려줘서 그 곳을 계약하고 지냈어요. 그 집이 계약 연장이 되지 않아 절망했을 때 지금 사는 동네를 만나서 6년 넘게 살고 있고. 지금은 서울에서 어떻게 살았나 싶어요.
처음에는 여기가 제 공간이 아니었어요. 프랑스 친구가 목공방 만든다고 구했던 곳인데 그 친구가 네팔지진 현장에 봉사하러 갔다가 봉사를 마치고 한국이 아니라 프랑스로 돌아갔거든요. 그래서 제 공간이 되었죠.
공간을 지을 때 업사이클링을 많이 활용했어요. 비가 많이 내리는 날에는 양동이를 몇 군데 받쳐야 하지만 저는 로맨틱하다고 여겨요. 그런데 얼마 전에 이 공간이 다른 사람의 땅을 넘어갔다는 걸 알았어요. 소유권 문제가 있으니 내년에는 다른 곳에 다시 공간을 만들어야 해요.

제주에 내려올 때만 해도 한예종에서 강의했던 것처럼 요가수업 할 줄 알았지 초를 만들어 먹고 살 줄은 꿈에도 몰랐어요. 요가 수업할 때 초를 사용했는데 아들이 초를 너무 좋아해서 계속 먹더라구요. 그래서 아이가 먹어도 되는, 좋은 재료로 초를 만들어야겠다고 생각했던 일이 지금까지 이어지고 있어요.
그래도 웬만하면 좋아하는 방향으로만 일하려고 해요. 예를 들어서 재판매 목적으로 사려고 하는 사람들에게는 초를 팔지 않는데요. 초를 하나하나 정성껏 만들고 싶거든요. 누군가가 동백꽃 초를 50개 만들어 달라고 하면 저는 기계적으로 똑같이 만들기를 반복하다 보면 더 이상 초만들기를 즐길 수 없을 것 같아서요.
저는 할머니 될 때까지 행복하게 초를 만들고 싶거든요.

오래 머무르는 그 곳(Living & More) ②

아까 새로운 공간을 만들어야 한다고 했는데, 거기는 6평 정도로 동굴처럼 지어서 초 만드는 작업실을 밑에, 윗층은 요가나 훌라워크숍, 아들이 복싱을 할 수 있는 공간으로 하고 싶어요. 거기에 사람들 모아서 1박 2일 워크숍도 가능하도록. 그 워크숍은 1박 2일 프로그램으로 최대 3-4명 정도 생각하고 있어요. 그래야 일방적이지 않고 대화가 되거든요. 같이 낮에 오름을 오르고 밤에는 불멍하고 고등어도 구워먹고, 초 만들고, 요가 수업도 하는 거죠. 한예종에서 했던 요가수업에는 입시전쟁이나 각종 과제로 여기저기 아픈 분들이 주로 참여했었어요. 가야금 하는 사람은 어디 틀어지고… 누구는 어깨가 안 좋고… 그런 수업 말고, 즐기며 스스로 치유할 수 있는 방법을 전달해 보고 싶어요.
저는 어려운 거 말고 뒹굴뒹굴 요가 좋아합니다. 본인에게 맞는 동작 3개만 가져가면 돼요. 어려운 동작이라고 다 좋은 게 아니에요. 결국 돌아가서 본인이 매일 하는 게 중요하니까요.

저도 운동 수업을 듣기도 하기도 하지만, 그보다는 아프기 전에 자세를 바르게 한다거나 미리 예방을 해요. 그리고 맛있는 것을 천천히 집중해서 먹는 시간이 정말 중요해요. 다 잘 먹고 잘 살자고 하는 짓인데 다들 그걸 가장 나중으로 미뤄놓고 살죠. 물론 도시에서는 천천히 먹을 시간이 없긴 하지만. 이제는 도시에 가면 느껴지는 에너지 주파수도 다를 것 같아요. 사람들의 불안 같은 것이 다 느껴지지 않을까…

내 취향에 맞는 그 곳, Rosa Candle

자유를 살아내는 사람

한 사람이 지향하는 가치관과 방향은 구구절절 말로 설명하지 않더라도 삶이 말해준다. 로자와 대화를 이어갈수록 진짜 자유가 무엇인지 아는 사람이라는 생각이 들었다. 아니 자유를 아는 것이 아니라 그것을 흉내내지 않고 살아내는 사람.

타인에게 자신을 쉽고 빠르게 설명하는 방법으로 대부분 회사 이름이나 직업을 밝힌다. 로자는 바로 그 직업을 수없이 바꾸었다. 현대무용을 그만 두고 디제잉과 요가수업을 하다가 지금은 전통적인 방식으로 초를 만든다. 특징이 제각각인 다른 일로 옮겨 갔으며 동시에 여러 일을 하는 것을 스트레스로 받아들이지 않았다.

여러분이 로자처럼 좋은 재료로 빛깔과 모양마저 아름다운 초를 만드는 사람이라고 가정해보자. 그 다음으로는 안정적인 수입을 위해 공간이나 스마트스토어를 만들어야겠다고 생각하지 않을까. 하지만 로자는 "가게는 월세를 내야 하지만 플리마켓은 월세를 내지 않아도 되니까 오히려 좋다"고 말한다. 보통의 사람들이 정해진 점포 자리가 없으면 수입이 불안정하다고 생각하겠지만 월세를 내지 않아 좋다며 생각의 판을 뒤집는다. 주변에서 로자캔들 겉모양만 따라서 하는 사람들이 생긴다고, 스마트스토어도 하고 홍보도 더 많이 하라는 압박이 많지만 조금 벌어도 건강하고 행복해서 병 안 나는 것이 가장 좋다면서 신경쓰지 않는다.

오래 머무르는 그 곳(Living & More) ②

로자가 자유를 살아낸다는 것은 무심코 사용하는 단어들에서도 발견할 수 있다. 많고 많은 일들 중 디제이는 어떻게 하게 됐는지 물었을 때였다. "디제이요? 일본에서 데뷔했고 홍대에서 디제잉을 했었어요. 그때 같이 만난 사람들이 제주도에 많이 내려와서 사는 것 같아요. 다들 용기있고, 맨 땅에 헤딩하듯이 내려왔어요. 오래 전에 홍대에서 놀던 애들이 지금 다 제주도에 와서 노는 거죠." 로자가 툭 꺼내 붙인 마지막 문장을 수첩에 적을 때 심장이 뛰었다. 그러니까 로자는, 사는 것을 '노는 것'이라 표현하는 사람이었다. 그것은 평소에도 정말로 '사는 것을 노는 것'이라 여기는 사람만이 흘릴 수 있는 말이다.

그래서, 어떻게 살고 싶나요

로자의 이야기를 듣는 동안 정작 '제주'라는
고유명사는 거의 듣지 못했다. 그래서 좋았다.
중요한 건 제주가 아니었던 것이다.
우리나라 사람들의 로망이 하나같이 그 섬을 향하고
있지만 정작 그 꿈의 섬에서 살게 되었을 때 도시에서
살던 것과 다를 바 없다면 무엇이 잘못된 걸까.
로자는 단지 별을 보고 흙을 만지고 밟으며 살고
싶어 제주로 내려왔다고 했다. 하지만 그녀는 제주가
아니더라도 어디에서든 그녀만의 방식으로 살 것이다,
별이 또렷하고 흙이 가까운 곳이라면.
삶의 방향과 방식이 먼저다. 그것을 펼칠 무대는 그
다음이다. "어디에서 살고 싶은가"에 앞서 "어떻게
살고 싶은가"에 차근차근 스스로에게 답을 하다 보면
장소는 우리 앞에 자연스럽게 나타날지 모른다.

삶의 방향과 방식이 먼저다. 그것을 펼칠 무대는 그 다음이다.
"어디에서 살고 싶은가"에 앞서 "어떻게 살고 싶은가"에 답을
하다 보면 장소는 우리 앞에 자연스럽게 나타날지 모른다.

THE PLACE, INNBY

&SCAPE

Chapter 2.

Motta,
머무르게 하기 위한 변화

그 곳은 계속 변화한다

1. 니가타(Niigata), 변화하는 것과 변화하지 않은 것
2. 나파밸리(Napa valley), 척박한 땅에서 함께 만들어 가는 것

그 곳.
바다, 숲, 그리고 같이

대부분의 사람들이 쉼과 휴식, 세컨드하우스 등을 생각할 때면 '자연환경'을 가장 먼저 떠올린다.
그런데, 공간 분야 전문가들은, 자연환경 뿐만 아니라 '비일상적 경험' 만으로도
'그 곳'이 될 수 있다고 응답하였다.
그곳에서, 찰나의 시간이 주는 환기가 에너지가 되는 순간

재충전을 위해 그 곳에 머물고 싶은 이유는?

관광지가 접근성이
산과 때문입니다 제주 제주도는 여행 좋아요
지인이 보고 많음 좋을 하고 같아서 많이 맛집 너무 가보지
힐링하고 **바다가** 있고 **자연환경** 가까운 서울에서
같음 먹거리 자주 많고 때문에 교통이 접근성
자연경관이 **많아서** 바다 가까워서 좋은 깨끗한
있으면 가장 바다와 **있어서** **자연경관** 관광 같다
볼거리가 문화 가깝고 좋고 곳이 싶어서 좋다
느끼고 장소 다양한 좋음 자연이 있는 다른
바닷가 공기가 **바다를** 있다
곳에서 힐링하기 분위기가 힐링이 **힐링** 자연 **좋아서** 느낌이
편리성 교통 힐링을 **자연환경이** 서울과
편해서 경관이 먹거리가
새로운

PLQ 기획 및 분석(2022년 5~7월, 일반인 응답자 1,000명, 전문가 응답자 110명 오픈서베이 조사)

같은 바다를 바라보지만
내가 있는 그 곳은 무언가 다를 때가 있다.

무브먼트랩, 부산시

천진해변 고성군

우리에게 '비일상의 경험'을 주는 곳은
때때로 그렇게 특별한 곳이 아니기도 하다.

헤지런백션(2023), 제주도

카페 은결, 제주도

때로는 창문 밖 작은 움직임과 정적인 풍경이
지금 이 시간을 오롯이 느끼게 해주기도 한다.

그 어떤 곳으로 기억되기도 하고,
누구와 나눈 시간으로 저장되기도 한다.

미메시스 아트 뮤지움, 파주시

오결희고, 춘천시

Chapter 2. Motta, 머무르게 하기 위한 변화

니가타(Niigata), 변화하는 것과 변화하지 않은 것

2000년 인구 감소와 함께 시작된 트리엔날레

100년 전통주에 맥주 브루어리를 더하다

트렌드 변화에 대응하는 지역 기업

http://www.snowpeak.co.jp

고시히카리, 설국으로 알려진 니가타현은 비옥한 땅에 아름다운 풍경이 있는 곳이다.
그러나, 도쿄로 가는 고속철도가 개통되면서 인구가 크게 감소하였다.
이 때 시작된 예술제로 전 세계 사람들이 방문한다.
지역 전통주 양조장은 100주년 기념으로 맥주 브루어리를 오픈하였고,
캠핑장비 브랜드로 유명한 지역기업은 머무르고 싶은 공간으로 리뉴얼하였다.

'그 곳'으로 기억되는 이유는?*

느낌이   않은 특정지역   특산물 해당지역
길거리 나는 특정 고유의   내가   같습니다 특성 것들
생각함 국내 느낌 현지의 현지인 지역사회 로컬푸드
로컬은 혹은 지역만의 지역에서 사는 생산되는 무언가
일정 한정된 있는 로컬   직접 의미   현지   특색이 로컬맛집
상품   또는   시골 푸드   같은 현재 고유한
    지방   음식 지역적 것을
모르겠습니다 문화 지역 지역적인   특색있는 특색을
    현지에서 해당   지역의 동네   특색
    장소 농산물 어떤   지역에 지역을 의미하는
        살고있는 가까운   고향 로컬이란   주변
        다른 많이 아닌 생각합니다 지역이나 하는 맛집
                토속적인   지방의
                    지역에서만

*PLQ 기획 및 분석(2022년 5~7월, 전국 응답자 1,000명, 오픈서베이 조사)

"도시 같은 것은 망해도 좋다."

[&Scape]
이제 우리는 새로운 것을 만드는 데 더 이상 집중하지 않는 시대에 들어섰습니다.
그러나 여전히 단어의 진정한 의미에서 유용한 건물이 많이 있습니다.
기존 사물을 활용하여 새로운 가치를 창출하는 과정입니다.

Fram Kitagawa

살고 있는 이들에게는 그저 일상일 곳들이
누군가에게는 비일상의 경험을 준다.

Terraced rice fields in summer
© Photo: Courtesy of ETAT

© Photo: Tokamachi City Tourism Association

국경의 긴 터널을 빠져나오자 '설국'이었다.
国境の長いトンネルを抜けると雪国であった。

소설 〈설국〉 중에서

눈, 쌀, 그리고 술의 고장, 니가타

1968년에 소설 '설국'으로 일본인 최초 노벨 문학상을 수상한 가와바타 야스나리(川端康成)는, 니가타현을 배경으로 이 소설을 집필하였다. 당시 작가가 머물던 유자와(湯沢) 온천의 다카한 료칸은 무려 950년의 역사를 지닌 채 현재까지 운영 중이다.

이 중 우오누마 지역은 11월부터 4월 사이에 에치고산맥을 타고 3미터가 넘는 눈이 내리는 '설국'의 고장으로 유명하다. 이 시기의 풍부한 눈이 맑고 찬 물을 만들어 대지를 윤택하게 해준 덕분에 니가타는 일본 최고의 쌀 생산지가 되었고, 눈이 녹은 연수로 오랜 겨울 천천히 발효시킨 최상의 사케를 만들 수 있었다. 우리에게도 잘 알려진 '고시히카리'가 여기서 태어났으며, 대표적인 청주(日本酒, 사케) 브랜드인 핫카이산(八海山), 쿠보타(久保田, 아사히주조) 등이 아직도 이곳에서 전통주를 만들고 있다.

흰 눈, 흰 쌀, 그리고 투명한 사케의 고장 니가타. 하지만 이곳 역시 현재 200만의 인구를 겨우 넘기며 인구 감소의 위기를 맞이하고 있다. 도쿄에서 신칸센으로 1시간 20분이면 도착하는 인프라의 편리함이 오히려 지역 발전이 아닌, 청년세대의 이탈을 가속화시켰다는 아이러니한 현실이다.

니가타(Niigata), 변화하는 것과 변화하지 않은 것 ①
2000년 인구 감소와 함께 시작된 트리엔날레

'도시 같은 것은 망해도 좋다.'
기타가와 프람(1964년 니가타 출생, Echigo-Tsumari Art Triennale 총괄 기획자)

고령화로 축제도 할 수 없던 이 지역에 다시 축제가 돌아왔다.
빈집과 폐교 등 지금까지 지역의 약한 자원이라고 생각되어 온 것이 예술의 힘에 의해 새로운 가치로 평가되고 있다. 니가타 출신이던 기타가와 프람은 아름다웠던 고향에서 살아내고 있는 이들의 표정에서 '여긴 이미 망했어.'라는 메시지를 읽었을 것이다. 그래서 그가 오히려 '도시 같은 것은 망해도 좋다.'고 말하지 않았을까?

인간은 자연 속에 포함된다.
에치고 츠마리 아트 트리엔날레(Echigo-Tsumari Art Triennale)는 지역과 국경을 넘어 사람과 사람이 만나는 관계들을 만들어 내는 것에 예술이 관여할 수 있다는 믿음에서 출발했다고 한다. 기획 당시, 니가타의 대부분 노인들은 이미 외부와 단절되고, 자식들조차 자신들의 장례식에서나 볼 수 있을 것이라고 생각할 정도로 절망적인 상황이었다고 한다. 그러한 이 지역 노인들이 타 지역, 다른 나라 누군가와 무언가를 나누고 소통할 수 있도록 한 것이 이 기획의 가장 큰 성과라고 이야기 한다.
2000년 처음 개최된 에치고 츠마리 아트 트리엔날레는 2만평이 넘는 지역 일대를 현대 미술 전시장으로 활용하는 일명 '대지예술제'이다. 전 세계 예술가의 작품이 빈집, 폐교, 그리고 논과 밭에 설치된다. 작품의 제작과 설치, 행사 관리와 운영 등 축제 전반에 걸쳐 현지 주민의 적극적인 참여와 협력을 이끌어낸 것이 가장 큰 성과다. 올해로 9회를 맞은 이 예술제는 200여 점의 상설 전시 작품이 늘 그 자리에 있고, 100여 점의 새로운 작품이 추가되었다.

작품은 아주 비효율적으로 설치되었다.
'효율적인' 도시의 시간과 달리 지역에 오랜 시간을 보내면서 천천이 이 곳의 자연과 작품을 감상해 주기를 바라는 기획자의 의도일 것이다.

국제컨퍼런스, '새로운 지형을 모색하는 공공미술', 한국문화예술위원회 주관(2010)

© Photo: Echigo Tsumari Executive Committee

니가타(Niigata), 변화하는 것과 변화하지 않은 것 ①

대지의 예술제 9번의 기록

2000년 인구 감소와 함께 시작된 트리엔날레

Tunnel of Light, Ma Yansong/ MAD Architects (2018)

House of Light, James Turrell (2000)

현재 '에치고츠마리 대지의 예술제'에는 200여점 이상의 상설 작품이 전시되어 있다.
이곳의 예술 작품과 시설은 3년마다 열리는 예술제 기간뿐만 아니라
일년 내내 사람들을 불러 들여 지역 활성화에 기여하고 있다.

니가타(Niigata), 변화하는 것과 변화하지 않은 것 ①

에치고 츠마리 현대미술관 기프트샵

2000년 인구 감소와 함께 시작된 트리엔날레

트리엔날레 기간에 방문하지 못하더라도, 에치고 츠마리 현대미술관에서 최근 작품들을 둘러볼 수 있다. 전세계 다양한 작품 활동을 하는 글로벌 작가들을 만날 수 있을 뿐만 아니라, 기프트샵에서는 '대지예술제'의 아름다운 결과물인 지역 특산품들을 또 다른 작품으로 만나볼 수 있다.

Echigo-Tsumari Satoyama Museum of Contemporary Art, MonET

니가타(Niigata), 변화하는 것과 변화하지 않은 것 ②
100년 전통주에 맥주 브루어리를 더하다

전통주 양조장에서 복합 공간으로

Hakkaisan

1922년 니가타에서 시작한 대표 청주 브랜드 중 하나인 핫카이산(八海山)은 오픈 100주년을 기념하여 아트디렉터 하라켄야를 통해 브랜드 디자인을 현대화하고, 맥주 양조장 'Sarukurayama Brewery'를 2018년 오픈했다.

지역의 랜드마크가 될 수 있도록 디자인하고 누구나 쉽고 편하게 들를 수 있는 공간으로 기획한 덕분에, 찾아오는 사람들이 매일 아침 갓 구운 빵을 즐기거나 아이들과 함께 쌀로 만든 아이스크림을 맛보고, 혼자 와서 커피 한잔 하면서 산책할 수 있는 타운이 조성되었다.

기존에 생산 또는 판매 중심이던 공간도, 양조 과정과 역사를 보여주는 공간으로 재구성하고, 지역 소상공인들이 들어와 함께 지역 생산품을 판매할 수 있는 공간도 마련했다.

Sarukurayama Brewery

니가타(Niigata), 변화하는 것과 변화하지 않은 것 ②

핫카이산에서 생산하는 맥주

핫카이산 오픈 100주년 기념 책자

핫카이산 주조는 오랜 시간동안 높은 품질의 사케를 생산해 오면서 2014년부터 그 기술과 지식을 살려 맥주 양조를 시작했다.

사케 제조 경험으로 만들어진 노하우를 바탕으로 지역의 좋은 물을 더해 환경적 특징을 반영한 크래프트 맥주를 만들고 있다. 2018년에 새롭게 만들어진 이 복합공간은 양조장 '나가모리'와 함께 일본식 과자점 '사토야', 사원 식당, 스노우 룸, 사토야 베이커리, 전시장 등으로 구성되어 있다.

Sarukurayama Brewery에서는 계절한정 상품과 함께 바로 만든 생맥주도 맛볼 수 있게 하여, 이 곳을 찾아오는 사람들에게 다채롭고 편안한 경험을 줄 뿐만 아니라, 젊은 사람들이 편하게 방문할 수 있도록 배려한 흔적이 엿보인다.

100년 전통주에 맥주 브루어리를 더하다

브루어리에서 판매하는 지역특산품

과자점 '사토야'

니가타(Niigata), 변화하는 것과 변화하지 않은 것 ③
트렌드 변화에 대응하는 지역 기업

스노우피크는 1958년 니가타현 산조시(三条市)에서 창업자 야마이 유키오(山井幸雄)가 오픈한 철물 도매상이었다. 과거 이 지역은 금속 공예와 철강 공업이 발달했던 곳으로, 높은 품질의 가공품을 만들고 공급하던 역사가 있던 지역이다. 창립자는 등산을 즐겼는데, 시판되던 기존 등산장비가 만족스럽지 않아, 직접 고품질의 등산 장비를 제작하면서 브랜드를 설립하게 되었다.

자연 속에서 풍요로운 삶을 누린다. (人生に, 野遊びを. Life with Nature)
1980년대에 시작된 일본 아웃도어 시장 확대와 캠핑 수요 증가에 발맞추어, 1988년 본격적으로 캠핑장비 사업으로 전환했다. 등산에서 캠핑으로 종목은 바뀌었지만 창업가치만큼은 변하지 않았다.
2022년, 창업했던 그 자리에 본사를 다시 건축(쿠마켄고 설계)하고, 제조, 판매, 전시, 물류 등 업무의 모든 프로세스를 처리하는 거점으로 재탄생시켰을 뿐 아니라, 고객이 직접 체험할 수 있도록 15만평 부지를 리뉴얼하여 오픈했다.

니가타(Niigata), 변화하는 것과 변화하지 않은 것 ③

Niigata HEAD QUARTERS Camp field

트렌드 변화에 대응하는 지역 기업

Snow Peak FIELD SUITE SPA Headquarters, Niigata

니가타(Niigata), 변화하는 것과 변화하지 않은 것 ③

Niigata HEAD QUARTERS Camp field

니가타(Niigata), 변화하는 것과 변화하지 않은 것 ③

스노우피크 본점 판매 굿즈

니가타 어디를 가도, 지역에서 생산된 전통주와 쌀을 판매하고 있다.

이 곳 생산품들은 지역 브랜드들과 함께 '선물'로 포장되어 방문자들에게 선보이게 된다. 스노우피크에서 판매하는 제품들은 지역 특산품을 위한 보조 상품(컵, 포크, 접시 등)으로 함께 소개되고 있다.

지역 자원은 그대로이지만, 누군가는 예술제를 기획하고, 지역 기업들은 마을 소상공인들과 함께 공간을 재구성하여, 자원을 대하는 시선을 더욱 값지게 변화시켰다. 수백 년의 역사가 있는 숙박시설은 여전히 전통방식을 지키며 운영되고 있는 가운데 새로운 기획들도 자연스럽게 받아들여진다. 이곳을 아끼고 지켜가고자 하는 바람이 같은 방향으로 모였기 때문이다.

트렌드 변화에 대응하는 지역 기업

스노우피크 본점 오픈런(2025년 4월)

니가타(Niigata), 변화하는 것과 변화하지 않은 것 ③

트렌드 변화에 대응하는 지역 기업

Chapter 2. Motta, 머무르게 하기 위한 변화

나파밸리(Napa valley),
척박한 땅에서 함께 만들어 가는 것

1976년 파리의 심판이 만들어 준 가치

작은 타운의 파인 다이닝, 브랜딩이 되다

관광 특구 지정, 함께 하는 타운 매니지먼트

DANA Estate

'가고 싶은 곳, 머무르고 싶은 곳' 하면 아름다운 자연 속 장면이 가장 먼저 생각나지만,
어떤 특정한 장소에서 특별한 경험을 했던 '그 시간'이 떠오르기도 한다.
나파밸리는 단순한 와인 생산지가 아니다.
방문객의 시공을 색다른 경험으로 채우기 위해 부단히 노력하는 곳이다.

재충전을 하는 그 곳은 어떤 특징이 있는 곳인가요?*

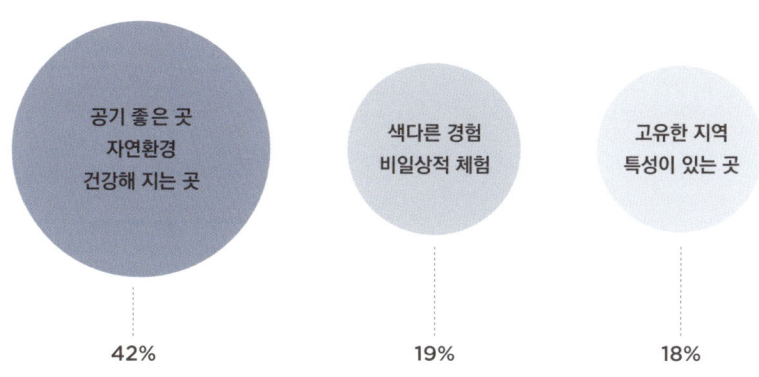

공기 좋은 곳
자연환경
건강해 지는 곳
42%

색다른 경험
비일상적 체험
19%

고유한 지역
특성이 있는 곳
18%

*PLQ 기획 및 분석(2022년 5~7월, 전국 응답자 1,000명, 오픈서베이 조사)

"포도나무는 비옥한 땅이 아닌, 척박한 땅에 뿌리를 깊이 내려
다양한 향기와 맛을 가진 열매를 만들어 낸다."

[&Scape] 세계적 와인 산지인 나파밸리는 척박한 땅에서 시작된 농업이었다.
미국와인을 무시하던 프랑스에서 개최된 행사 결과가
모두의 예상과 달랐던 일화로 유명하다.
지금의 미슐랭 스타 레스토랑 거리와 고급 휴양지 타운을 만들기 위해
함께 만든 조약을 지금까지 지켜오고 있다.

나파밸리, 척박한 땅에서 함께 만들어 가는 것 ①
1976년 파리의 심판이 만들어 준 가치

미국의 와인 생산량은 '23년 기준 전 세계의 약10% 수준으로 이탈리아, 프랑스, 스페인에 이어 4번 째를 차지하며, 특히 캘리포니아에서 90%를 생산하고 있다. 생산량은 세계에서 4번째이지만, 미국의 연간 와인 소비량은 전 세계 1위 로, 자국 생산량보다 25% 더 많이 와인을 소비하는 '와인 소비 강국'이다. 이는 캘리포니아에서 우수한 품질의 와인을 좋은 가격에 구할 수 있을 뿐만 아니라, 1990년대 이후 경제성장과 더불어 와인 문화가 '건강(Wellness)'이라는 라이프스타일 트렌드와 맞물리면서 소비가 늘고 와인산업이 성장한 덕분이다.

나파밸리는 자체적으로도 관광개선지구**로 지정하여 다양한 지역 마케팅으로 관광산업 기반을 구축하여 지역을 활성화시켰다. 그 결과, 미국 사람들에게 '나파밸리(Napa Valley)'는 단순한 와인농장이 아닌, 경치가 좋고(Outdoorsy), 건강하고(Relaxed), 훌륭한 음식(Fine Dining)을 즐길 수 있는 고급스러운(High-End) 방문지(The Place)로 인식되고 있다.

---

* OIV(International Organisation of Vine and Wine, 2022)

** TID(Tourism Improvement District)

Joseph Phelps Vineyards, St. Helena

나파밸리, 척박한 땅에서 함께 만들어 가는 것 ①

파리의 심판(Judgment of Paris), 나파밸리의 성장 전환점

"와인도 예술이야"

영화 'Bottle Shock(2008, 와인미라클)'에서 나오는 대목이다.

1976년 파리에서 개최된 블라인드 테이스팅에서 레드(Stag's Leap Wine Cellars), 화이트(Chateau Montelena) 와인 모두 미국 와인이 1위를 해서 충격을 줬던 사건을 Times는 '파리의 심판'이라는 타이틀로 특종을 냈고, 뉴욕타임즈는 "1976년 파리 와인 시음은 캘리포니아 와인 생산과 명성 확대에 혁명적인 영향을 주었다."고 발표했다.

실제로 이후 나파밸리에서 생산되는 와인들은 판매량과 가격 모두 급등한다. 그러자, 1981년 미국 연방정부는 공식적인 와인 생산지역 인증제를 도입하여, 나파밸리를 첫 번째 AVA(American Viticultural Area)로 지정한다.

가장 가까운 대도시인 샌프란시스코의 금융가와 실리콘밸리의 성장은 나파밸리의 와인산업과 파인다이닝 발전에 든든한 지원군이 되었다.

Opus One

1976년 파리의 심판이 만들어 준 가치

Napa Valley, Keywords

–https://www.visitnapavalley.com/

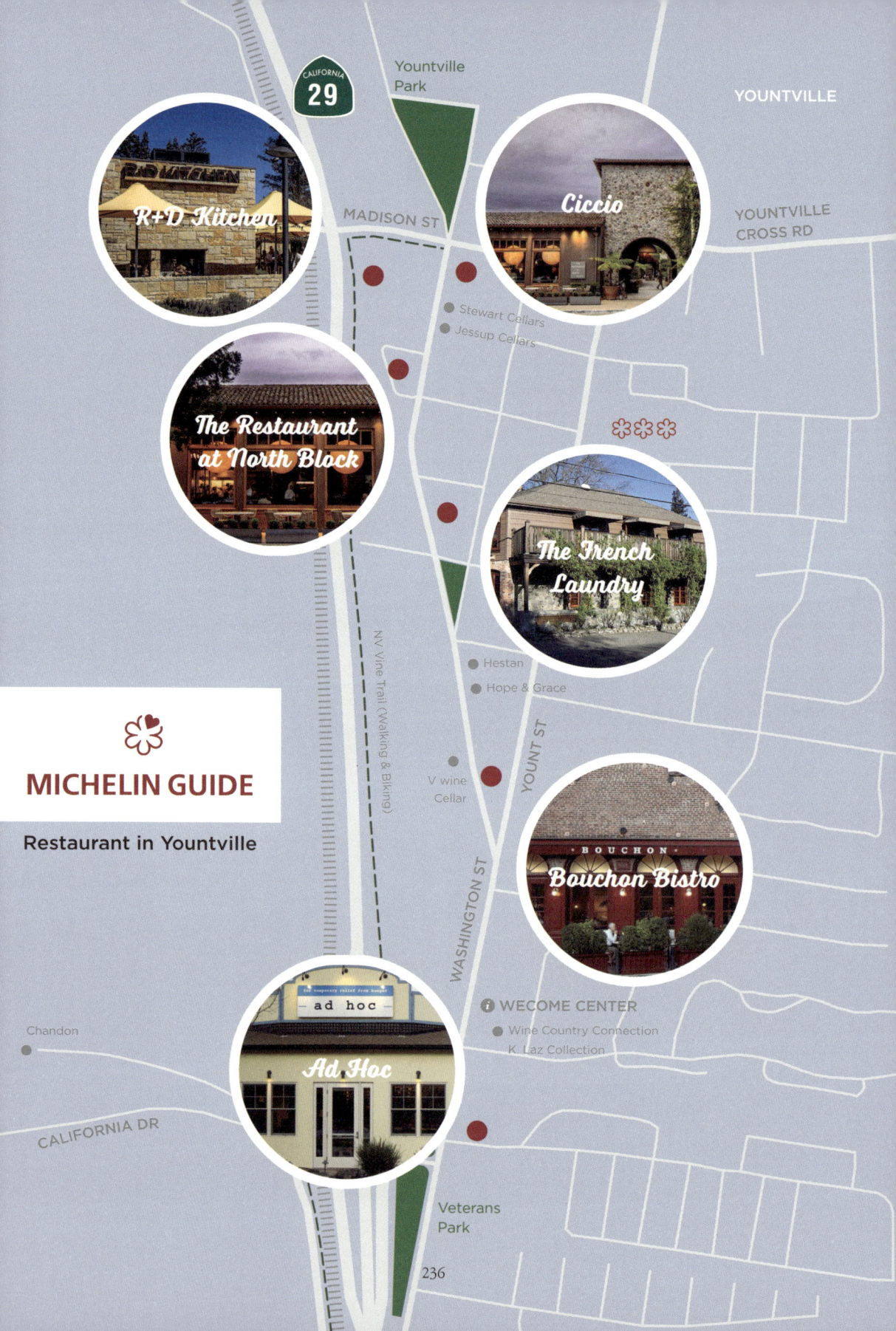

나파밸리, 척박한 땅에서 함께 만들어 가는 것 ②
작은 타운의 파인 다이닝, 브랜딩이 되다

나파밸리 조합에 등록된 (2025년 1월 기준) 레스토랑은 179개, 푸드트럭은 11개. 이 중 미슐랭 스타 레스토랑이 13곳이다. 특히, 최고 수준의 평가인 3스타를 받은 '더 프렌치 런더리'가 있는 욘트빌은 등록된 레스토랑이 18개뿐인 작은 마을인데, 미슐랭 스타를 받은 레스토랑은 무려 6곳이나 된다. 타운 단위로는 세계에서 가장 많은 미슐랭 레스토랑을 보유한 마을인 셈이다.

1994년 토마스 켈러(Thomas Keller)는 투자자들 자금을 모아 The French Laundry(1907년 스팀 세탁소를 운영하던 건물로, 당시 건물명 그대로 사용)를 매입하여 프랑스 영향과 기술이 들어간 미국 파인 다이닝을 오픈하여 1999년 Forbes Travel Guide 최초 별5개 등급을 받고, 2007년 미슐랭 가이드 3스타를 받았다. 1998년에는 Bouchon을, 2006년에는 Ad Hoc까지 같은 거리에 오픈하였고, 2018년에 고급 라이프스타일 브랜드인 RH는 100년이 넘은 올리브 나무들을 배경으로 욘트빌의 바이브에 어울리는 다이닝과 테이스팅룸을 열었다.

https://www.visitnapavalley.com/
https://thomaskeller.com/tfl/

파인다이닝 RH

나파밸리, 척박한 땅에서 함께 만들어 가는 것 ③
관광 특구 지정, 함께 하는 타운 매니지먼트

나파밸리의 각 타운들은 고유의 바이브를 유지하면서, NVTID*에서 약속한 규정들을 함께 준수한다. 와이너리마다 운영하는 테이스팅 프로그램과 방문객수의 제한을 두며, 레스토랑이나 숙박시설 같은 다른 업장들이 영위하고 있는 시설들을 추가하지 않는다.

다운타운의 B&B(Bed&Breakfast)가 50년 넘게 영업을 지속하고, 욘트빌에 새로운 레스토랑들이 문을 열 수 있는 이유가 여기에 있다.

나파밸리 방문자들을 위한 정보와 편의는 NVTID*에서 운영하는 공식 플랫폼(www.visitnapavalley)을 통해 알리고 홍보한다.

이러한 지역 공동의 장기적 활성화 목표를 이루기 위해 TID로 지정된 구역은 숙박시설에서 요금의 2%를 관광수수료(Transit Occupancy Taxes)로 부과하여 해당 지역의 마케팅, 홍보, 이벤트, 인프라 개선 비용 등으로 지출한다.

*Napa Valley Tourism Improvement District

다양한 지역 체험 프로그램(Visit Napa valley)

ARTS & CULTURE
Napa Valley is home to art, film, music and architecture on both intimate and grand scales. Find exhibitions, museums, studios,...

BIKE TOURS
Try one of our fully guided bike tours or rent a bike and enjoy the stunning views of the valley at your own pace

BREWERIES & COCKTAIL BARS
Beer lovers can explore craft breweries, nano-breweries and taprooms, and cocktail aficionados can discover craft spirits...

GOLF
Napa Valley is a premier golf destination, with some of the most beautiful championship golf courses you'll ever see

HIKING
With state parks and local trails with rugged mountain ranges, redwood-covered creeks and beautiful lakes, often surrounded by...

HOT AIR BALLOONS
Hot air ballooning is one of the most adventurous and inspiring ways to appreciate Napa Valley's lush, rolling hills wine...

KID FRIENDLY
Kids in wine country? Absolutely! Find the best Napa Valley lodging and restaurants that cater to kids, and a round-up of the top...

LIVE MUSIC & ENTERTAINMENT
Explore Napa Valley's vibrant music scene, with annual music festivals and outdoor concerts, theater, and entertainment...

https://www.visitnapavalley.com/things-to-do/

나파밸리, 척박한 땅에서 함께 만들어 가는 것 ③

Opus One, St.Helena

나파밸리, 척박한 땅에서 함께 만들어 가는 것 ③

칼리스토가 CALISTOGA
Classic / Easygoing / Outdoorsy

Sam's General Store, Calistoga

관광 특구 지정, 함께 하는 타운 매니지먼트

Chateau Montelena, Calistoga

나파밸리, 척박한 땅에서 함께 만들어 가는 것 ③

세인트 헬레나 St. HELENA
Sophisticated / Historic / Relaxed

DANA Estate, St.Helena

관광 특구 지정, 함께 하는 타운 매니지먼트

Opus One, Napa

나파밸리, 척박한 땅에서 함께 만들어 가는 것 ③

욘트빌 YOUNTVILLE
Upscale / Refined / Walkable

관광 특구 지정, 함께 하는 타운 매니지먼트

RH, Yountvill

나파밸리, 척박한 땅에서 함께 만들어 가는 것 ③

나파 시티 NAPA
Vibrant / Trendy / Stylish

Oxbow Public Market, Napa

관광 특구 지정, 함께 하는 타운 매니지먼트

The Inn On First, Napa

나파밸리, 척박한 땅에서 함께 만들어 가는 것 ③

아메리칸 캐넌 AMERICAN CANYON
Approachable / Casual / Grounded

Napa River Bay Trail

관광 특구 지정, 함께 하는 타운 매니지먼트

Chardonnay Golf Course

나파밸리, 척박한 땅에서 함께 만들어 가는 것 ③

나파밸리의 수많은 와인 농장과 관련 서비스 공간들은 공생한다.

오크빌의 유명 와인너리를 가기 위해서는 몇 달 전에 테이스팅 예약을 해야 원하는 날짜와 시간에 방문이 가능하다. 이토록 많은 방문객이 있어도 이 와인너리는 방문 고객들에게 식사와 숙박을 마음껏 제공하면서 매출을 키워갈 수 없다. 그래서 이 곳에서 와인 시음을 경험한 고객들이 카페나 레스토랑을 가려면 욘트빌에 들려야 한다. 더 나아가 이 곳에서의 여유를 만끽하기 위해서 숙박을 하게 된다. 숙박시설이 많지 않기 때문에, 나파 다운타운에서 B&B를 이용하는 것도 좋은 선택이 된다.

오래된 미국식 주택에서 서비스되는 B&B에서는 맛있는 브런치를 제공하는 것으로 서로 경쟁한다. 이러한 숙박시설에서는 고객들에게 지역 숙박세를 추가로 받는다. 이를 모아 관광개선지구에서 지역을 홍보하고 공동의 인프라를 관리하는 비용으로 지출한다.
'타운 매니지먼트'가 작용하기 위해서는 누군가는 지역의 장기적 성장을 위한 '비수익 활동'을 지원할 수 있는 구조가 필요하다.

지역 시니어가 전문적인 서비스를 해주는 곳, Napa Valley

나파밸리에서 와인 테이스팅, 파인 다이닝, 그리고 B&B에서 Active Senior(활동적인 중장년층 및 노년층)로부터 서비스 받는 경험은 아주 흔하다. 은퇴 후 취미생활인지 원래부터 전문적인 서비스업을 영위했는지는 알 수 없으나, 그들이 제공하는 서비스가 프로페셔널한 것은 확실하다.

타운마다 고유한 그 바이브는, 그 지역의 서비스를 전달해주는 사람들을 통해 더욱 체감된다. 어떤 곳은 활기가 전달되고, 또 어떤 곳은 따뜻함이, 그리고 기억에 남는 곳은 적당한 친절함과 배려를 전해준다.
지역마다의 고유한 경관(Scene), 그리고 분위기(Vibe)에 맞는 특유의 온도를 만들어 가기 위한 고민은 시대가 달라져도 계속 이어지는 장면들(Sequence)일 것이다.

공간의 바이브는, 시간의 축적이다.

나파밸리의 와인이 유명해지고, 지역과 산업이 발달한 배경은
우연한 기회, 사회경제적 환경의 지원이 있었지만
현재 그 곳의 장면(scene)과 분위기(vibe)는
그 곳 사람들이 빚어 놓은 시간 축적의 결과이다.

&SCAPE, THE PLACE, INNBY

Epilogue

'로컬(Local)'이라는 공간에 대한 접근이 시작이었다.

연남이나 성수를 Hot Local로, 빈 집과 빈 상가가 흔한 지역을 Cold Local로 생각해 본다면, 이 온도를 어떻게 바꿀 수 있을까가 고민의 시작이었다.

소위 소멸지역으로 지정되어 버린 곳의 유휴공간을 색다른 콘텐츠로 채워 보면서 '머무름'을 조금 더 깊게 들여다 보았다. 어느 도시, 지역 그리고 어떤 공간이든 그 곳만의 고유한 장면(Scene)과 느낌(Vibe)이 있지만, 그런 장면이 없거나 바이브를 잃은 곳들이 점점 많아진다. 단순히 인구가 줄어드는 것이 아니라.

머물렀던 그 곳에서의 시간이 마음에 담겨 있다면, 언제고 다시 그 곳에서의 시간을 이어가게 된다. 그 시간을 이어가게 하려는 그 곳의 변화도 분명 필요하다. 그 변화는 공간에 담기는 콘텐츠일 수도, 사람일 수도, 아니면 방법일 수도 있다. 확실한 것은, 그런 변화가 계속되는 '그 곳'에 머무르며 느낀 온도는 차갑지만은 않았다는 것이다.

우리의 시간도 이어진다.

서촌은 이번 집필의 시작이었다. 한옥스테이의 공급도 수요도 늘어나던 시기에 처음 만났던 Z_Lab 대표님과 2년만에 다시 만나, 그간의 시간을 함께 되짚어 보며 '시간의 기획' 그리고 '머무는 공간'에 대하여 돌이켜 보았다. 직업과 가치관의 다름이 끼어들 틈도 없이 생각이 전달되는 '발견'이 있었다.

우리가 함께 했던, 제주 숲속. 그 곳에 머물렀던 그 시간을 다시 이어가려 한다.
사진을 찍고, 함께 초를 만들고, 서로가 하는 일들을 나눴던 그 시공간을 기억한다.

그 장면을 "마치 박자에 맞추어 순서대로 무대에 오른 댄서들 같았다."라고 회상하던 로자님의 메시지를 받고 다같이 살포시 웃던 그 장면의 찰나까지도.

다음 공간에 대한 생각을 얻다.

책 한권을 사서 내 공간에 꽂는 그 순간을 참 좋아한다. 반면, 글과 사진으로 기록을 남겨놓고자 시작한 이 집필의 과정은, 정말 녹록치 않다. 그럼에도 이러한 과정을 함께하는 이들과 취향 저격 공간 한켠에서 이야기를 나누다 보면, 이미 다음 기획이 시작된다. 다음 집필에서도 이러한 도돌이표가 있어 주기를 기대해 본다.

〈참고문헌〉 본문에 실린 인용문 및 사진 자료는 저작권자의 승인을 거쳐 수록하였으나, 승인이 누락된 자료가 있다면, 확인되는 대로 사용에 대한 협의를 거치도록 하겠습니다.

- 김진영, 『상처로 숨 쉬는 법』, 한겨레출판(2021), p513
- 조르주 페렉, 『공간의 종류들』, 김호영 옮김, 문학동네(2019), p7
- 구정화, 「속도를 거슬러 관계를 만들다」, 예술경영 전문웹진(2010)
- https://kkaa.co.jp/en/project/snow-peak-field-suite-spa-headquarters/
- https://universes.art/en/echigo-tsumari-triennial/2024
- https://www.snowpeak.co.jp/locations/hq/
- https://www.uonuma-no-sato.jp/facility/sarukura/
- https://www.hakkaisan.co.jp/100th/en/history/
- https://napavintners.com/
- https://www.ttb.gov/wine/american-viticultural-area-ava
- https://www.visitnapavalley.com/things-to-do/
- https://www.visitnapavalley.com/about-us/the-napa-valley-tid/
- https://www.napavalley.com/wineries/
- https://www.cityofnapa.org/1071/Tourism-Improvement-District
- https://www.oiv.int/what-we-do/statistics
- https://www.visitnapavalley.com/about-us/the-napa-valley-tid/
- https://www.cityofnapa.org/1071/Tourism-Improvement-District
- https://stories.opengov.com/townofyountvilleca/published/oMeDkCU3P
- @oxbowpublicmarket

세종시, 장군면(2022년)

THE PLACE, INNBY

Lifescape in Place

We are

PLQ Partners는 다양한 삶의 모습을 제안하고 담아낼 수 있는 공간을 기획하고 만듭니다. 우리는 사람과 콘텐츠와 공간을 통합적으로 바라보며 여러 분야와 협업합니다. 공간의 컨셉 기획, 콘텐츠 도출, 사업분석부터 개발 및 운영까지 삶의 한 장면을 만들기 위한 일을 합니다.

—

We believe

Promote Lifescape Diversity, 일상의 모습이 더 다양해질 수 있도록 유무형의 경험자본을 제공합니다. 인사이트를 줄 수 있는 다양한 콘텐츠와 좋은 시간을 보낼 수 있는 공간을 제안하여 다양한 삶의 모습으로 가득한 도시를 만들어 가려 합니다. 저마다의 스토리와 개성을 가진 공간이 많아질수록 사람들의 경험자본은 더욱 풍요로워질 것입니다. 그렇게 사람들은 공간에서 시간을 보내며 자신만의 라이프스타일로 다양해질 것이며, 서로의 차이를 드러내고 영감을 주는 사람들이 가득 모인 창의적인 도시가 될 수 있을 것이라고 믿습니다.

—

We will

공간 콘텐츠 관련하여 다양한 협업을 환영합니다.

E-MAIL plq@plqpartners.com
HOMEPAGE www.plqpartners.com

Editor in Chief
김선영 Sunyoung Kim

Editor
허미정 Mijung Heo
조지영 Jiyoung Cho

Photographer in Chief
장현수 Hyeonsoo Jang

Photographer
김지훈 Jihoon Kim

Designed by
레이.디 스튜디오 LAY.D STUDIO

Copyright
Copyright 2025. PLQ Partners Inc.
all rights reserved.

펴낸곳
피엘큐파트너스(주)
세종특별자치시 나성북로30 퍼스트원 371호
www.plqpartners.com

등록번호
제2022-000041호

펴낸이
김선영

ISBN
979-11-991541-0-0

초판1쇄 발행
2025년 5월 30일

LIFESCAPE IN PLACE